バイデン守護霊の霊言

大統領就任直前の本心を語る

Ryuho Okawa
大川隆法

まえがき

米国の新大統領バイデン氏の守護霊霊言《しゅごれいれいげん》である。二本の霊言とも、大統領就任直前のものであるが、無事大統領に就任できるか、バイデン氏の深層心理は繊細に揺《ゆ》れている。

内容は読んでもらうとして、感想を述べる。

結論は、彼は「偉大なる凡人」だということだ。

アメリカの選択は、「平凡人」を選んだということだ。

五次元善人界の人を大統領に選ぶほどの人材難だったのか。あるいは、GAFAや大手マスコミに集《つど》う人たちの目線がそのレベルだったということだろう。

世界最強国は泥舟《どろぶね》に乗って、次の時代に船出《ふなで》した。「戦略的忍耐」という名の

「国家の没落」がやってくる。「アメリカを再び偉大な国に」と繰り返し叫《さけ》んだトランプ氏のことを、後世《こうせい》の歴史は、正しく伝えるだろう。

二〇二一年　一月二十九日

幸福《こうふく》の科学《かがく》グループ創始者兼総裁《そうししゃけんそうさい》　大川隆法《おおかわりゅうほう》

バイデン守護霊の霊言　目次

第1章　大統領就任一週間前の胸中を明かす

——バイデン守護霊《しゅごれい》の霊言《れいげん》①——

二〇二一年一月十三日　収録

幸福の科学 特別説法堂《せっぽうどう》にて

6 バイデン氏守護霊の考える米大統領像とは　102

第2章　米新大統領は世界の混沌《こんとん》にどう立ち向かうのか

——バイデン守護霊の霊言②——

二〇二一年一月二十日　収録
幸福の科学 特別説法堂にて

3 対中国戦略についての考え方を問う

6　バイデン氏守護霊の世界構想を訊く　212

「霊言現象《れいげん》」とは、あの世の霊存在の言葉を語り下ろす現象のことをいう。これは高度な悟《さと》りを開いた者に特有のものであり、「霊媒現象《れいばい》」（トランス状態になって意識を失い、霊が一方的にしゃべる現象）とは異なる。外国人霊の霊言の場合には、霊言現象を行う者の言語中枢《ちゅうすう》から、必要な言葉を選び出し、日本語で語ることも可能である。

また、人間の魂《たましい》は原則として六人のグループからなり、あの世に残っている「魂のきょうだい」の一人が守護霊《しゅごれい》を務めている。つまり、守護霊は、実は自分自身の魂の一部である。したがって、「守護霊の霊言」とは、いわば本人の潜在《せんざい》意識にアクセスしたものであり、その内容は、その人が潜在意識で考えていること（本心）と考えてよい。

なお、「霊言」は、あくまでも霊人《れいじん》の意見であり、幸福の科学グループとしての見解と矛盾《むじゅん》する内容を含《ふく》む場合がある点、付記しておきたい。

第1章　大統領就任一週間前の胸中を明かす

――バイデン守護霊《しゅごれい》の霊言《れいげん》①――

二〇二一年一月十三日　収録

幸福の科学　特別説法堂《せっぽうどう》にて

ジョセフ・ロビネット・バイデン・ジュニア（一九四二〜）

アメリカの政治家。民主党所属。第四十六代アメリカ合衆国大統領。ペンシルベニア州生まれ。デラウェア大学卒、シラキュース大学ロースクール卒。一九七二年、二十九歳《さい》で上院議員に初当選後、六期務める。八八年の大統領予備選では、英議員の演説を盗用《とうよう》したことが発覚して辞退。二〇〇八年、再び大統領選に出馬して敗れるも、オバマ氏の指名で副大統領に就任。その後、二〇二〇年の大統領選挙に再度出馬し当選。二〇二一年一月二十日、第四十六代アメリカ合衆国大統領に就任した。通称《つうしょう》「ジョー・バイデン」。

質問者　大川紫央《おおかわしお》（幸福の科学総裁補佐《ほさ》）

［役職は収録時点のもの］

〈霊言《れいげん》収録の背景〉

二〇二一年一月十三日深夜、大川隆法総裁が作詞・作曲したエンゼル精舎《しょうじゃ》・子守唄《こもりうた》「スーパーマンもネンネする」の原曲をかけたところ、アメリカ大統領就任式を約一週間後に控《ひか》えたバイデン氏の守護霊《しゅごれい》が、大川隆法総裁のもとに現れて収録された。

1 夜中に突如《とつじょ》現れたバイデン氏守護霊《しゅごれい》

苦しそうな様子で現れ、名前を明かす

（編集注。背景に大川隆法総裁の原曲、エンゼル精舎《しょうじゃ》・子守唄《こもりうた》「スーパーマンもネンネする」がかかっている）

大川隆法　やっぱりいたか。バッハを聴《き》いても来ないのにねえ。

大川紫央　確かに。

大川隆法　すごいね。子守唄で来る。

大川紫央　エンゼル精舎の歌はすごい。

大川隆法　すごい。

大川紫央　どなたでしょうか。

バイデン守護霊　うーん……。うーん、ああー……。

大川紫央　あなたはどなた？

バイデン守護霊　ああー……。うーん。ああー。はあっ、はあ、はあ。ああー……、うーん。あ、はっ、あっ……（苦しそうな呼吸を繰《く》り返す）。

大川紫央　顔が苦しそう。苦しい？　なぜ苦しいんでしょう？

バイデン守護霊　うん、うーん。

大川紫央　日本？

バイデン守護霊　うーん。

大川紫央　アメリカ？

バイデン守護霊　ああーっ。

大川紫央　日本語を話せますか？

バイデン守護霊　うーん。ああー。

大川紫央　地球の平和を護《まも》りたいですか。

バイデン守護霊　ああ。

大川紫央　護りたい？

バイデン守護霊　ああ。ああ、あっ。

大川紫央　あなたのお名前は？

バイデン守護霊　ああ。バイデン。

大川紫央　どうされました？

バイデン守護霊　うん。苦しい。

大川紫央　幸福の科学は知ってる？

バイデン守護霊　うん、来たことある。

大川紫央　（守護霊様は）二回来ましたからね。

バイデン守護霊　知ってる。

大川紫央　苦しい？

バイデン守護霊　苦しい。

大川紫央　いや、あなたよりトランプさんのほうが苦しいんじゃないですか。

バイデン守護霊　いや、私もねえ、胸、苦しい。

大川紫央　ああ、胸が苦しい？

バイデン守護霊　うん。

大川紫央　なぜ？　念力《ねんりき》が、念波《ねんぱ》が集まっているから？

バイデン守護霊　うーん、なんか……。

大川紫央　それとも寿命《じゅみょう》ですか？

バイデン守護霊　いや、「死ね、死ね」っていう声が聞こえて。

大川紫央　「死ね、死ね」って？　でも、たぶんトランプさんのほうも、そうなんじゃないでしょうか。

バイデン守護霊　うん、まあ、あっちもあるかも。あっちはあっちだから、知らん。

大川紫央　そうですか。

バイデン守護霊　私の大統領がそんなに嫌《いや》かね。

大川紫央　いえ、私たちは別に、特に言っていません。

バイデン守護霊　だけどねえ、本当に百五十年ぶりぐらいのことが起きてるから、今。なんで私がそんな……、そうとう、まあ、高齢《こうれい》かもしらんが。

早く霊言《れいげん》を録《と》ってほしいと懇願《こんがん》

大川紫央　バイデンさんはどうですか？

バイデン守護霊　ちゃんと昼間に、ちゃんと収録してください。働いてよ、もうちょっと。全然働く気がないんだから。

大川紫央　いえ、違《ちが》うんですよ。やっぱり大統領就任式を……。

バイデン守護霊　夜にやったら、ろくな霊言《れいげん》にならない。

大川紫央　でも今、バイデンさんもトランプさんも、アメリカは全体的に異常心理が働いているから。

バイデン守護霊　だから、両方の意見をちゃんと聞くべきですよ。

大川紫央　両方の意見といっても、大統領就任式を無事に越《こ》さないと。

バイデン守護霊　だから、緊張《きんちょう》が高まってるんだよ。

大川紫央　だから、今そういうときに霊言を録《と》っても……。正式に大統領になられてから霊言を録ったほうがいいでしょう？

バイデン守護霊　いや、もう早く録らないと、いつ心臓発作《ほっさ》が来るか分からないんで。

大川紫央　大丈夫《だいじょうぶ》です。霊言は、生きておられても、たとえ亡《な》くなられてもみなさん録れますから。

バイデン守護霊　それは、本人が理解すればだけども、理解してないかもしらんから。

大川紫央　やはり、（霊的な理解は）そのレベルなのですか？

バイデン守護霊　うん。

大川紫央　そのレベルだから、そうなっているんじゃないですか、今見ると。

バイデン守護霊　私は、今ちょっと（霊言の）練習しとるんで、少し、よく分かってきたけど。

大川紫央　あなたは守護霊様？

バイデン守護霊　うん。

大川紫央　名前は？

バイデン守護霊　ない。

大川紫央　〝西部劇〟をしていた人ですか？

バイデン守護霊　うん。警官。

大川紫央　なるほど。

2 混乱の米大統領選を振《ふ》り返る

「中国は地球の裏側だから、どうでもいい」という見解

大川紫央　中国はどうしますか。

バイデン守護霊　どうするって、どうするの?

大川紫央　大統領になったら。

バイデン守護霊　どうするといったって、なるようにしかならないんだろうよ。みんながしてほしいと言えば、するよ。

大川紫央　では、今後アメリカをどういう国にしたいですか。

バイデン守護霊　ええっ？　とにかく、今もう、牛の解体ショーみたいにズタズタに切られてるから、もう一回縫合《ほうごう》をしなきゃいけない。目茶苦茶《めちゃくちゃ》になっとるからさ。トランプの〝狂牛病《きょうぎゅうびょう》〟がうつってくる。何とかアメリカを「ユナイテッド・ステイツ」にしなくちゃいけない。今、ユナイテッド（団結）できてない。

大川紫央　そのユナイテッドをするためには何が必要だと思いますか。

バイデン守護霊　レッド・ステイト（共和党が強い州）がねえ、反乱を起こしとるわけよ。トランプのねえ、〝アサシン軍団（暗殺集団）〟がね、うん。ついこの前も、本当に、演説して〝議会を襲《おそ》え〟と言ったばかりの男だよ。あんなやつは銃殺《じゅうさつ》にすべきなんだよ。

大川紫央　自分もそう思っているから、それが跳《は》ね返って心臓が痛いんじゃないですか。

バイデン守護霊　いやあ、それもあるけど、それは来るでしょう、ちょっとはそれ。テレビを観《み》てて心臓発作《ほっさ》で死んでる人だって、いっぱいいるんだよ。それは殺したうちに入ってないんだからさ。事件で死んだのは五人ぐらいになってるけど、テレビを観て死んどる人だっておるわ、きっと。

大川紫央　でも、その前は、民主党系の、平等を訴《うった》える方々がデモをして被害《ひがい》がいっぱい出ていたじゃないですか。そちらについては、民主党の人たちは責めませんでしたよね。

バイデン守護霊　うーん、まあ……。

大川紫央　反人種差別デモと言いながら、なかには暴徒化した人たちはいて、同じく死者が出ていましたよね。

バイデン守護霊　まあ、いいんだよ。

大川紫央　そこで、トランプさんが「法と秩序《ちつじょ》」と言っても、「差別だ」と言っていたのに。

バイデン守護霊　だって、法と秩序、守ってない。

大川紫央　自分たちのほうが、死者が出たり破壊《はかい》されたりすると、もう、すごいことになっていましたよね。

バイデン守護霊　それはしょうがないじゃない。マスコミは、だから連帯責任なんだからさ。民主党を応援《おうえん》してわしを大統領にした以上、連帯責任だから、それはしょうがない。そうでしょう。

大川紫央　まあ、頑張《がんば》ってください。

バイデン守護霊　ああ。

大川紫央　人権を大事にするのであれば、中国に対しても、それを言うことは変わりなく、お願いしたいと思います。

バイデン守護霊　いや、中国……。地球の裏側だからね、どうでもいいわけだよ。攻《せ》めてくる力はなかろうから、どうせ。

トランプ氏のことを、アメリカを〝発狂《はっきょう》〟させた張本人と見ている

大川紫央　でも、民主党系の人は、もう韓国《かんこく》の（前大統領を牢屋《ろうや》に入れる）人たちのようになって、「トランプさんを牢屋にぶち込《こ》みたい」とか、「もう二度と立候補させたくない」とかいうように、今なっているから。

バイデン守護霊　いや、私だって射殺したいぐらいだから、ほかの人だって刑務所《けいむしょ》に

は入れたかろうよ。

大川紫央　でも、それでいくと、もうアメリカじゃなくなってしまいますよ。

バイデン守護霊　別に、ガンマンの時代はそれでいいんだよ。シェリフ（保安官）はね、いくらでも撃《う》ち殺していいんだよ。

大川紫央　民主主義を叫《さけ》ぶわりに、民主党の人たちもかなり感情で動いているから。

バイデン守護霊　〝バッジ〟さえあれば、殺せるんで。

大川紫央　トランプさんが暴徒化させていると言っているけれども、今、ペロシさんを含《ふく》め民主党の人たちも、もう〝発狂《はっきょう》〟しているんじゃないかと思うぐらいの感じですよ。

バイデン守護霊　いやあ、トランプだって、やっぱり銃を持ってたら、もうペロシから何から撃ち殺すだろうよ。

大川紫央　いや、どうでしょうか。だって金正恩《キムジョンウン》さんに会う人ですからね。

バイデン守護霊　うーん、そんな……。

大川紫央　まあ、とにかくアメリカを〝発狂〟させた張本人だからね。

大川紫央　いえ、アメリカはもう〝発狂〟していましたよ。ＬＧＢＴを含め、いろいろな……。

バイデン守護霊　ＬＧＢＴの閣僚《かくりょう》が……、候補が、いろいろ動く。

今回現れたのは、「公正な意見をちゃんと取材してほしい」から

大川紫央　では、バイデンさん（守護霊）は、なぜここに来られたんですか。

バイデン守護霊　ええっ？　なんで来たかと言われても、いや、本来は、もう、だから、トランプのあの暴挙に対して、公正な意見をちゃんと取材してほしいから。

大川紫央　別にCNNとかがたくさん（あなたがた民主党の立場で）報道してくれているじゃないですか。

バイデン守護霊　いやあ、そんなの、日本の狂信・妄信《もうしん》の宗教がやっぱりあるっていうから、その根元を押《お》さえないといけないから。

大川紫央　「ニューヨーク・タイムズ」さんもあれですよね。昨日《きのう》観た「赤い闇《やみ》　スターリンの冷たい大地で」という映画では、ソビエトの大量虐殺《ぎゃくさつ》を報じなかった「ニューヨーク・タイムズ」の記者のことが描《か》かれていましたよ。

バイデン守護霊　いやあ、それは、だって……。

大川紫央　フェイクニュースだというのは、当たっているではないかと。

バイデン守護霊　それは、だって、ソ連寄りなんだからしょうがないじゃないか。だから、彼らが左翼《さよく》なんだからさ、基本は。仲間なんだから、別に。

大川紫央　ここを何の場だと思っていらしているんですか。

バイデン守護霊　うん？　いや、よくは分からんよ。よく分からんけどさ、まあ、声を聞いてくれる数少ない場所ではあるし。

大川紫央　霊界《れいかい》のなかだと？

バイデン守護霊　日本もアメリカとしては同盟国で、アメリカからは、中国なんて全然分からないから。だから、日本の意見を聞いて参考にしようとしてるんじゃないか。

大川紫央　では、いちおうは、中国と日本が違《ちが》う国ということは分かるんですか?

バイデン守護霊　うん。別だったと……。

大川紫央　……ということは分かる?

バイデン守護霊　台湾《たいわん》と日本は、いちおう「中国に入りたくない」って言っているんだとは思う。

大川紫央　……と言っているというのは分かるのですね。

バイデン守護霊　うん。

大川紫央　なるほど。

就任式を待たずに霊言《れいげん》収録を求めるバイデン氏守護霊

バイデン守護霊　君ねえ、昼間になるべくやってくれたほうが、私はもうちょっと頭がしっかりしてるように見えるんだけどな。

大川紫央　でも、昼間は来ていなかったですよね。

バイデン守護霊　いや、ずっと来てるんだけどね、君たちにやる気がないからさ。

大川紫央　いえ、まず無事に就任式を迎《むか》えたほうがいいですよ。

バイデン守護霊　いや、君、「やりたい」って言わないでしょう。

大川紫央　はい。

バイデン守護霊　バイデンの霊言《れいげん》を録《と》るぐらいなら、君はいちご大福を買いに行くでしょう？　だから、そういうねえ、仕事熱心でない態度に問題がある。

大川紫央　いえ、違うんです。総裁先生とお話しした結果、総裁先生も、「今は、バイデンさんもトランプさんも頭に血が上っていて冷静な状態ではないから、やはり少し落ち着いてからでないと、霊言をするにしても、ちょっと過激な意見のほうが先に出るかな」とおっしゃっていまして。

バイデン守護霊　いや、そういう日和見《ひよりみ》はよくないですな。やっぱり、ちゃんとね、何が正しいかをはっきりしなきゃいけないんだよ。

大川紫央　でも、当会から出しても、アメリカの人はほとんど読まないじゃないですか。

バイデン守護霊　議会を背景に映しながら演説してさあ、「諸君、議会に向かって行進しろ！」と言ったら、もうそれは、フランス革命みたいに、なんか、「打ち壊《こわ》しをやれ」というようにしか聞こえんじゃないか。

大川紫央　だから、今、霊言をしても、その話ばかりで終わるでしょう？

バイデン守護霊　そうだよ。だけど、それはやっぱり……。

大川紫央　だから、それはもう、ニュースで聞けば同じですよね。

バイデン守護霊　ここだって、もう一つ……。

大川紫央　私たちは霊言を通して、「バイデンさんが、今後アメリカの大統領としてどういう政策を打っていくか」を聞きたいんです。今聞いても、対トランプさんの話しかされないじゃないですか。

バイデン守護霊　いや、だから、君たちだって〝霊界のグーグル〟なんだからさあ、それは、公平でなきゃいけないんだよ。

大川紫央　何に公平でないといけないんですか。

バイデン守護霊　だから、いろんな人の意見をいっぱいキャッチしてだな。

大川紫央　バイデンさん（守護霊）の意見は、夏にも聞いたじゃないですか（『米大統領選　バイデン候補とトランプ候補の守護霊インタビュー』参照）。

バイデン守護霊　あれですごく、日本人に対して期待を薄《うす》めたからさ。

大川紫央　でも、それは自己責任でしょう。私たちの責任ではありません。

『米大統領選　バイデン候補とトランプ候補の守護霊インタビュー』（幸福の科学出版刊）

バイデン守護霊　いや、それはね、聞く人たちが、「バイデン、落ちろ」ってみんな思って、呪詛《じゅそ》しているんですよ。

「ヒラリーが先に大統領をすべきだった」という見解

大川紫央　バイデンさんは神様を信じているんですか？

バイデン守護霊　それは、私は敬虔《けいけん》なクリスチャンですから。

大川紫央　イエス様の声は聞こえるんですか？

バイデン守護霊　それは、いやあ、無理です。それは、神様に近くないと無理ですから、それはもう。

大川紫央　でも、本当に気をつけないと、民主党系の人たちは「神なき民主主義」に行こうとしていると思いますよ、おそらく。すべての人権を、何でも許可するということでしょう？

バイデン守護霊　うーん。

大川紫央　神様が男女を創られた意味も分かっていないですし。

バイデン守護霊　いや、とにかく……。

大川紫央　差別するのはいけないけれども……。

バイデン守護霊　黒人や黄色人《おうしょくじん》……。

大川紫央　とにかく、オバマ・バイデン路線は、もう麻薬《まやく》もオッケー、ＬＧＢＴもオッケー、全部オッケーする方向に行くじゃないですか。

バイデン守護霊　いや、それより前に、黒人と黄色人種と女性の差別をなくそうとしてるんじゃないか。

大川紫央　女性の差別をなくすために、能力のない人を登用しなくてもいいと思います。それは本当の平等ではないですよ。

バイデン守護霊　いや、私より先に、前の四年はヒラリーがすべきだったと思うよ。そうしたら、女性大統領が出たんだよねえ。

3　バイデン氏守護霊の信仰観《しんこうかん》を確認する

「科学的だというほうに乗ったほうが勝ち」という考え

大川紫央　まあ、バイデンさんのことを悪い人だとは思っていないんですけれども。

バイデン守護霊　いい人なんですよ。トランプさんは、ときどきクレイジーなんですよ。

大川紫央　でも、「トランプさんは科学的ではない」とか言うのは、やはり唯物論《ゆいぶつろん》のほうに近いですよ。

バイデン守護霊　いや、アメリカもそういう国に今なっとるから。

大川紫央　だから、それも度が過ぎると間違《まちが》えていると言っているんです。

バイデン守護霊　いや、それが間違ってるかどうかは、それは……。

大川紫央　さらに、バイデンさんたちのほうの意見が、それを助長させているでしょう?

バイデン守護霊　いやあ、いやあ、いやあ……。

大川紫央　あなたはまた、グレタさんに同調してやるんでしょうから。

バイデン守護霊　そうだよ。でもなあ……。

大川紫央　それは〝世界壊滅《かいめつ》作戦〟ですから。

バイデン守護霊　だって、みんな、グレタに賛同してるじゃないか、日本まで。

大川紫央　では、あなたはどう思うんですか。

バイデン守護霊　いや、知らんよ。知らんけどさあ、なんか「科学的」っていうほうに乗ったほうが勝ちなんだ。

大川紫央　ですから、その〝フワッと感〟が、ちょっとどうにかならないのかという……。

トランプ氏を「古代イスラエルの妬《ねた》む神」になぞらえる

バイデン守護霊　トランプはさあ、だからねえ、右翼《うよく》系の教会と、それからユダヤ教までも抱《だ》き込《こ》みに入ろうとしてるからさあ。あれはほんと、エホバの神みたいなところがあるでなあ。もしかしたら、そうかもしらんなあ。古代イスラエルの妬《ねた》む神なんて、あんな感じなんじゃないか。

大川紫央　イスラエルの首相すら、（自分のツイッターから）トランプさんの写真を削除《さくじょ》して、「距離《きょり》を取ろうとしているのではないか」と言われていましたよ。

バイデン守護霊　猫《ねこ》かわいがりしてたのになあ。

大川紫央　あの人は恩を仇《あだ》で返す人かと、ちょっと思ってしまいましたけれども。

バイデン守護霊　ねえ？　イスラエルのためになあ……。トランプはねえ、けっこうねえ、パーソナルな関係を優先する傾向《けいこう》があるんだよ。ビジネスのあれから来てるんだと思うけど。そのへんはちょっとねえ……。

大川紫央　ただ、あなたよりは信仰心《しんこうしん》がありますよね。

バイデン守護霊　いやいや。

大川紫央　あと、地球温暖化についても、ちゃんと神のほうの意見に近いし、経済政策も神の意見に近いです。

バイデン守護霊　いやあ、それは、だから、彼は私より妄信《もうしん》・狂信《きょうしん》しやすいっていうことだから。

中国のマスクを買って、仲良くしようとしている？

大川紫央　民主党はまた大増税をして、もうアメリカは大不況《だいふきょう》ですよ。

バイデン守護霊　いや、それは、それはねえ、それは……。

大川紫央　そのへんはお分かりですか？

バイデン守護霊　来てから言ってください。

大川紫央　「来てから」とは何ですか。大不況が?

バイデン守護霊　トランプがアメリカ孤立《こりつ》主義をやっとったわけだから、私はアメリカを世界とつながる国に戻《もど》そうとしてるんだからさ。うん。また自由貿易の国に戻す。国富論をつくろうとしとるんだからさ。

大川紫央　でも、国富論……、「自由貿易」と言ったら、違うでしょう。

バイデン守護霊　そうだよ?　自由貿易だよ、基本は。

大川紫央　自由貿易ですけど、すごく偏《かたよ》りがある自由貿易だったから、トランプさんが是正《ぜせい》しようとしたんでしょう?　だってもう、今の中国には、別に何らあげる必要はないじゃないですか。〝特典〟というかハンディを。

バイデン守護霊　アメリカ人はね、もうマスクをつくれる人はいないけど、中国人はマスクをつくれる人がいっぱいいいるから。

大川紫央　〝大丈夫《だいじょうぶ》〟です。中国のマスクは世界で不評ですから。つくり直せと言って、差し戻していた国がありましたから。

バイデン守護霊　中国のマスクを買ってやることで、中国人は金ができて、それで、アメリカのものを買おうとしてくれるわけだからさ。

大川紫央　心臓は治ってきましたか。

バイデン守護霊　うん。仲良くしないといかんのだよ。

幸福の科学をニューエイジ運動のように見ているバイデン氏守護霊

大川紫央　「大川隆法」を知っていますか。

バイデン守護霊　ええっ？

大川紫央　「大川隆法」です。

バイデン守護霊　それは、ここまで来たら、ちょっとは知ってるよ。

大川紫央　どういう認識をしているんですか。

バイデン守護霊　うーん……。

大川紫央　でも、地上の本人は知らないでしょう？

バイデン守護霊　まあ……。どんな人かって言われると、シャーリー・マクレーンみたいな人なんではないかと。

大川紫央　なるほど。まあ、遠くはないですけどね。

バイデン守護霊　ニューエイジ運動みたいなのをやってるのと違うかな。

大川紫央　んー、遠いけれども、すごく間違っているわけでもないというか……。

バイデン守護霊　まあ、そんなものだから。

大川紫央　まあ、遠いですけどね。（大川隆法総裁先生は）神様ですよ。

バイデン守護霊　いやあ、違う。ニューエイジの特徴《とくちょう》はね、チャネリングだからね。チャネリングだから、そんなに大きくならないんだけどね。「アメリカのニューエイジは千人以上、大きくはならない」のに、ここは「大きい」と称《しょう》してるらしいとは言われてるから。

大川紫央　バイデンさんの（守護霊）霊言《れいげん》をしたら、アメリカの人がもっと聴《き》いてくれるぐらいになればいいですけどね。

バイデン守護霊　いや、昼間の、もうちょっとね、頭がシャープなときに、私に好意的な人に質問させれば、そういうふうになるから、たぶん。

大川紫央　いえ、それでやっても同じですから。そうはならないと思います。

バイデン守護霊　君たちはCNNに就職できないんだよ。

大川紫央　もうアメリカは今、唯物論が入っています。「『科学的』と簡単に使うな」と、まず言いたいです。「科学的」という言葉の根拠《こんきょ》を示してください。

バイデン守護霊　だから、「非科学的」って言われて得する人はいないので、今。

大川紫央　もう、グレタさんにも乗りすぎたら危ないですよ。ＮＨＫは乗ってテレビ番組をつくった結果、その炭素に関する番組のなかでは、「もう雪が降らなくて水不足で」というニュースが流れている設定になっているのに、今、大雪で人々は苦しんでいて、とても失敗していましたよ。

バイデン守護霊　うーん、だから、日本のエネルギーはどうするか。それは日本の国策だからねえ。それは、日本で考えないといかんだろうよ。雪が降ったら、それは太陽光パネルも使えんだろうなあ。

オバマ元大統領との、過去世《かこぜ》からの関係を語る

大川紫央　迷ったときは神に祈《いの》ったりするのですか？

バイデン守護霊　それは、ときどきは教会に行くことだってあるけど、今、コロナだからね。教会に行かないほうがいいから。

大川紫央　あなたの指導霊はオバマさんということですか?

バイデン守護霊　えっ?　どういうこと?

大川紫央　だって、オバマさんが、やたらと出てくるじゃないですか。

バイデン守護霊　いやあ、だから、前政権で一緒《いっしょ》にやっとったからさ。

大川紫央　だから、オバマさんがバックアップでついているんでしょう?

バイデン守護霊　オバマさんは、そりゃあ、〝ドゴン族の酋長《しゅうちょう》〟だからさあ。

大川紫央　オバマさんも、ちょっと〝悪〟がありますけどね。

バイデン守護霊　オバマはねえ、オバマは〝酋長〟だから〝教祖〟なんだよ、あれも。

大川紫央　アメリカ大統領にまでなれば、誰《だれ》か指導霊がつきますよね。

バイデン守護霊　だから、あれは、アメリカを衰退《すいたい》させる目的で送り込まれた人だからね。

大川紫央　オバマさんがですか？

バイデン守護霊　うん。

大川紫央　誰に？

バイデン守護霊　うん？　いやあ、黒人を強制的に、アフリカから奴隷《どれい》で四百年前に連れてきた、その〝集団懺悔《ざんげ》〟をさせるために、彼はアメリカで大統領になった人だから。

大川紫央　ああ、そのアメリカのカルマの刈《か》り取りのために？

バイデン守護霊　そうそうそう。そして、白人をやっつけるのが仕事なので。

大川紫央　ふうーん。

バイデン守護霊　だから、トランプさんが今やられてるのは当然なんだよ。

大川紫央　でも、その（オバマさんの）先祖を連れてきたのはあなただと（前回の霊言で）言っていたじゃないですか。

バイデン守護霊　あ、そうかもしらんが。

大川紫央　本当はあなたがカルマを刈り取らなければいけないのに、なぜ力を借りているんですか。

バイデン守護霊　うん？　よく分からないけど、まあ、副大統領にしてくれたから。

大川紫央　ああ、そうか。

バイデン守護霊　うーん。年寄りには知恵《ちえ》があると思って。

指導霊《しどうれい》がつくなら「カーター元大統領を指導したぐらいの人」？

バイデン守護霊　まあ、しょうがないよ。トランプさんは……、だけど君たちは、それを応援《おうえん》しがいがなかろうよ。応援しても、嫌《きら》われることをするんだからさあ。しょうがないじゃないか。

一部の人にはな、もうファナティック（狂信的）な人には人気があるけど、そうでない常識的な人は、これは危険だと感じる。

大川紫央　いえ、でも、「一部ではない」ですよね？　だって、票を得たのは、「ほぼ半々に近い」じゃないですか。

バイデン守護霊　うーん。

大川紫央　だから、「一部ではない」ですよね。「わりといる」ということですよね。

バイデン守護霊　だから、過激な人は、もう民主党を滅《ほろ》ぼしたいぐらいだから、〝南北戦争〟をやりたがってるんだよ。

大川紫央　では、もういいですか。就任式を無事にまずは乗り越《こ》えて、正式にアメリカ大統領になられてから霊言《れいげん》を録《と》ったほうがいいと思います。

バイデン守護霊　アメリカは昼だからね、今ね、うん。

大川紫央　昼なら仕事に帰らないと。

バイデン守護霊　いやあ……。

大川紫央　指導霊は誰かつくのですか。

バイデン守護霊　いや、二時間も私の（守護霊霊言）をやってくれないから、こまめに録っておかないと、本一冊分にならないよ。

大川紫央　そこまで考えていらっしゃる（苦笑）。

バイデン守護霊　うーん。

大川紫央　指導霊はつく予定はあるんですか。

バイデン守護霊　うん？

大川紫央　指導霊です。つく予定はあるんですか。

バイデン守護霊　うーん、まあ、カーター大統領を指導したぐらいの人がつくだろう。

大川紫央　うん？　ああ、なるほど。「カーターさんぐらい弱い大統領になる」と言われているんですよね。

バイデン守護霊　いやあ、それはもう一期しかやらんでしょうけどねえ、たぶんね。

大川紫央　……と、ご自分でも思っている。

バイデン守護霊　うん、だから、次は黒人の女性大統領だよな。

4　コロナ禍《か》にどう立ち向かうつもりなのか

バイデン氏はトランプ氏を「国外追放」にしたい？

大川紫央　では、バイデンさんが、いちばん「これだけは打ち立てたい」という、何かキーワードはありますか。

バイデン守護霊　うーん……。

大川紫央　一期だけやるにしても、「これだけは、こういう仕事を何か遺《のこ》したい」とか。

バイデン守護霊　だから、「トランプの国外追放」だよ。

大川紫央　いえいえ、仕事としてですよ。

バイデン守護霊　仕事じゃないか。

大川紫央　いえ、「アメリカの国是《こくぜ》」ではないけれども、アメリカの国として、どういう理念を打ち出したいですか。

バイデン守護霊　だから、トランプをイスラエルに移送して、あちらの、ユダヤ人に帰化させる。

大川紫央　そもそも、なぜそこまで憎《にく》いんですか。

バイデン守護霊　同じ国にいられんでしょ。

大川紫央　いや（苦笑）、だから、選挙でも、自分の政策ではなくてトランプさんの批判しかほとんどしていないから、「何をするか分からない」と言われているんですよね。

バイデン守護霊　私の票のほうが多いんだから、黙《だま》って祝福すればいいじゃないか。うん。私にそんな、泥《どろ》を塗《ぬ》る必要ないだろう。

大川紫央　でも、CNNなどのアメリカのマスコミも、今回、醜態《しゅうたい》はさらしましたよ。「ああ、こういうマスコミの人たちも、ここまで自分たちの主観で動くんだな」という。

バイデン守護霊　いや、トランプが当選したときには、オバマだってヒラリーだって、いちおう拍手《はくしゅ》はしたんだからさあ。礼儀《れいぎ》っていうのがあるだろうが。

大川紫央　では、もしトランプさんがそういう対応を取っていたとしたら、国外追放したいとまでは思わなかったですか？

バイデン守護霊　うん、まあ、「ロシア疑惑《ぎわく》で逮捕《たいほ》」ぐらいで許してやるつもりだよ。

大川紫央　いや、だから、その魂胆《こんたん》があるから、向こうもそうするんでしょう？

バイデン守護霊　うーん。

大川紫央　「逮捕してやろう」と思っているのが見えるから。

バイデン守護霊　はい。それでなければ、向こうが勝った場合は「中国疑惑で私が逮捕」されるから。

大川紫央　だって、そちらもメールとか本当は出されているみたいじゃないですか。

バイデン守護霊　いや、「ロシア疑惑」だって、まあ、ないわけではないからさ。

大川紫央　でも、今、ロシアには別に悪魔《あくま》は憑《つ》いていないけれども、中国には悪魔が憑いているんですから。

バイデン守護霊　いや、私は、だから、中国とロシアと、両方と戦わなきゃいけなくなるから、中国には、まあ、かたちだけ圧力を加えるふりをしてロシアを攻《せ》める。

「中国がコロナを仕掛《しか》けたかどうか」を追及《ついきゅう》しない理由

大川紫央　「コロナウィルスは中国がまいた種だ」と、本当に思わないんですか。

バイデン守護霊　そんなことは考えたこともない。

大川紫央　なぜ考えないんですか。

バイデン守護霊　そんなことは、うーん、まさかするわけがないでしょうねえ。

大川紫央　なぜ？

バイデン守護霊　考えられないよ。だから、最大の貿易相手国なのに、そんなことがあるわけがない。

大川紫央　だって、中国は世界を制覇《せいは》したいんですよ。

バイデン守護霊　それは知らんよ。

大川紫央　それで、アメリカを潰《つぶ》したいんですよ。

バイデン守護霊　アメリカはとっくに世界を制覇してたからな。

大川紫央　いや、だからもう、時代についていっていないじゃないですか。

バイデン守護霊　いや、それはだから、まあ、トランプはそんなふうに妄想《もうそう》して、中国に負けちゃいかんから、アメリカ・ファーストに……。

大川紫央　いや、こんなに自国民が死んでいっているんですから、普通《ふつう》、コロナの原因を探《さぐ》りたいと思うでしょう?

バイデン守護霊　探って、「中国が仕掛《しか》けた」っていう結論になったら、核《かく》戦争だからな?　だから、そういう結論は出ないほうがいいんだよ。

大川紫央　えっ、そうしたら、自国民だけ、もう、ずっと死んでいくということでいいんですか。ワクチンは、変異種も出てきてあまり効かない可能性もありますよ。

バイデン守護霊　うーん、でも、核戦争よりはいいよ。

大川紫央　まあ、核戦争を勧《すす》めるわけではないですけど、ただ、中国がそのまま、また、いろいろなことをやるんじゃないですか。

バイデン守護霊　いや、核戦争まで行ったら、もう何千万も死ぬよ、本当に。

大川紫央　それはやらないに越《こ》したことはないですけど、ただ、このへんでちゃんと追及《ついきゅう》しないと、中国は（今より）もっと大きな悪を犯《おか》し続けますよ。

バイデン守護霊　だからねえ、もっと大きな、悲惨《ひさん》な結果になるぐらいならね、目をつぶることも大事なんだよ。

大川紫央　なるほど。まあ、確かに、日本にもその考えは根深くありますね。

バイデン守護霊　うーん。だから、まあ、貿易をね、また元に戻《もど》してやれば、中国はこういうことはもうしないだろうと思ってるし、そんな、コロナをやったら、まあ、世界に結局回ってね、どの国とも仲良くできなくなってくることは分かるんだからさ。自分の国にだって入ってくるんだから、結局ねえ、そんな一方的な勝者は成り立たないのだよ。

ミサイルのボタンは「みんなが『押《お》せ』と言ったら押す」？

大川紫央　オバマさんが、「日本の首相でいちばんやりにくかったのは鳩山《はとやま》さん」と言っていたのですけれども。

バイデン守護霊　中身が似てるもんねえ。

大川紫央　あっ、オバマさんと、鳩山さん？

バイデン守護霊　うん。

大川紫央　あっ、そうなんですね。

バイデン守護霊　いやあ、両方とも空想主義者で、似ているんだよ。

大川紫央　ああ、理想主義者ということ？

バイデン守護霊　うん。似てるもんねえ、どっちとも。

大川紫央　バイデンさんと鳩山さんはどうですか。

バイデン守護霊　いやあ、私はよく知らんのだよ、鳩山という……。

大川紫央　でも、オバマさんは任期中に、いちおうミサイルのボタンは押《お》していますからね。

バイデン守護霊　押してる？

大川紫央　「核」ではなくて……。

バイデン守護霊　ああ、「ミサイルを撃《う》ったことはあるか」って。

大川紫央　ピンポイントで撃ったことはありますよね。

バイデン守護霊　うん、うん、うん、あったなあ。それはあったかもしれないね。

大川紫央　だから、鳩山さんよりは強いと思うんですけど、あなたは……。

バイデン守護霊　あれは、鳩山って、もう過去の人ではないのか。

大川紫央　もう過去です。

バイデン守護霊　うん。まあ、私はそれは、みんなが「押せ」って言ったら押すよ。

バイデン氏守護霊が日本語を話せる理由とは

大川紫央　何だか日本人に（考え方が）近いですね。日本に生まれたことがあるんじゃないですか。

バイデン守護霊　ううん？

大川紫央　日本語をペラペラとしゃべっていますし。

バイデン守護霊　日本……。いやあねえ、キリスト教徒だから、そういう転生輪廻《てんしょうりんね》はねえ、認めないんだよ。

大川紫央　たぶん、すごく霊格《れいかく》が高いわけでもないでしょうし、すごく悪い悪魔でもないですし、きっと天国のどこかにいらっしゃると思うのに、そんなにペラペラと日本語をしゃべれる人というのは……。

バイデン守護霊　いや、何回か来たからね、まあ、教えてくれる人がいてね。

大川紫央　誰《だれ》が教えてくれるんですか。

バイデン守護霊　うーん、なんか知らないけど、日本にもバイリンガルの人がいるようでね。

大川紫央　ああ。

バイデン守護霊　そういう人がちゃんと、すぐ吹《ふ》き替《か》えしてくれるんだよ。

大川紫央　ふうーん。

バイデン守護霊　うん。最初、できなかったから。

大川紫央　そうですか。分かりました。

バイデン守護霊　うーん。トランプさん（守護霊）も、最近、日本語しゃべってるだろ。

大川紫央　でも、最初はずっと英語でしたね。

バイデン守護霊　うん。ああ……（ため息）。

トランプ氏と交替《こうたい》してもコロナを防げなかったらどうする？

大川紫央　イランは悪い国だと思いますか。

バイデン守護霊　あんまりよく分からないんだよねえ。

大川紫央　なるほど。

バイデン守護霊　どうしようかな。でも、トランプさんのときよりは、向こうは制裁解除を求めてくるから。

大川紫央　まあ、多少はしてあげると？

バイデン守護霊　うーん、まあ、それは、私の性格から言えば、世界があんまり波立たんほうがいいと思っとるから。

大川紫央　なるほど。分かりました。

バイデン守護霊　彼は喧嘩《けんか》するからさ。まあ、国民に飽《あ》きられたんだから、しょうがないじゃないか。

大川紫央　（理由は）コロナは大きかったですよね。

バイデン守護霊　いや、コロナだけど、過激は過激だよ。

大川紫央　でも、気をつけたほうがいいですよ。日本でも、コロナもあって安倍《あべ》さんが辞《や》めましたけれども、菅《すが》さんになっても、コロナの状況《じょうきょう》はやはり変わらないじゃないですか。

バイデン守護霊　うん。

大川紫央　それで支持率が落ちていますから。「バイデンさんに替《か》わったから、コロナは減る」ということも、たぶんないですから。

バイデン守護霊　うん。マスクとワクチンでも防げなかった場合は、それはだんだん支持率は下がるだろうな。

大川紫央　そう。だから、その重さはありますよね。

バイデン守護霊　うーん。まあ、しょうがないねえ。だから、「本来は世界を救うべき立場にある国が、いちばんやられている」っていうのは、ちょっと困るからさ。

大川紫央　やはり、そこに疑問を感じたほうがいいんじゃないでしょうか。

米中でウィルスの共同研究をしていたことを明らかにしたくない

バイデン守護霊　うーん。まあ、深く追及するとまずいことがあるんだよ。だから、そのコロナウィルス、研究は本当はアメリカと中国が共同してやってたんだよ。

大川紫央　途中《とちゅう》までですね。

バイデン守護霊　うん。だけど、アメリカは「これはやばい」と思って逃《に》げたのよ。中国はやり続けたのよ。そうしたら、やっぱり、こういうことになっちゃった。

大川紫央　なるほど。だから、アメリカも「追及できない」と。

バイデン守護霊　アメリカは途中で手を引いたんだよ。

大川紫央　まあ、手を引いたんだから、別にいいんじゃないですか？

バイデン守護霊　だけど、それをねえ、明らかにしたくないからさあ、世界で。黙ってるわけだよ。

大川紫央　なるほど。「自分の国にも被害《ひがい》が及《およ》ぶ」と。

バイデン守護霊　アメリカが「十五年前に研究を始めた」って言ってるのは、アメリカと中国が一緒《いっしょ》に共同研究を開始したんだよ。だけど、途中から、アメリカは「これはまずい」と思って手を引いたんだよ。中国はやり続けて、とうとう実験をやっちゃったんだよ。

大川紫央　バイデンさんも、そこまで知っているんだったら、まあ……。

バイデン守護霊　いちおうは知ってるけど、アメリカにとっても知られたくないことだから。

大川紫央　なるほどね。

バイデン守護霊　「おまえも共犯だ」って言われたら、もう終わりじゃないか。そこまでだから。「アメリカ人を殺したのはアメリカ人だ」って言われたら、責任は……。アメリカの研究者の名前が出てくるから、どうせ、一緒だよ。

大川紫央　なるほど。

バイデン守護霊　だから、アメリカにも責任があるからさ、「中国だけ」って言えないんだよ。一緒に研究してたから。それは分かってるんだよ。うん。だけど、逃げたんだよ。「もう、これ以上、こんな恐《おそ》ろしいものを研究できない」って言って逃げたから。

大川紫央　「アメリカの名誉《めいよ》にも傷がつく」と。

バイデン守護霊　うん。知られたくないからさ。共同で研究していい分野と、すべきでない分野があるわけだよ。例えば、兵器なんかも、したりしちゃいけない部分もあるしね。

5　次期米大統領の人物像に迫《せま》る

中国の監視《かんし》社会や香港《ホンコン》問題をどう見ているか

大川紫央　ただ、やはり、「バイデンさんとかペロシさんは、いちおう人権についてはちゃんと言う人だ」と信じたいので、中国の治世下で、世界で弾圧《だんあつ》されている人たちもいることは忘れずに、どうか大統領になっていただければと。

バイデン守護霊　いやあ、トランプだってねえ、人殺しは、臆病《おくびょう》であんまりようやっとらんで。ちょっとしか、やってない。もう「一人だけ狙《ねら》う」とか、ああいう、大統領としては〝ちんまい〟ことをしとるよ。

大川紫央　ただ、「神がいる民主主義」を、どうか繁栄《はんえい》させてください。

バイデン守護霊　いやあ、あのねえ、彼は神を信仰《しんこう》してもいいと思うよ。ただねえ、もうちょっとねえ、品性がよくならないといけないと思うよ。あれでは本当にねえ、荒《あら》くれ者みたいに見えるからさ。

大川紫央　いや、でも、おたくの息子《むすこ》さんも、いっぱいお金を中国からもらっているかもしれない。

バイデン守護霊　いやあねえ、「ほかから金をもらう」のはいいことなんだよ。

大川紫央　ええっ？

バイデン守護霊　「出す」のはあんまりよくないことだけど。

大川紫央　それでは、アメリカが繁栄した「自助論」がなくなってしまうんじゃないですか。

バイデン守護霊　いやあ、それは、「金をもらった」っていうか、中国も金が貯《た》まっとる。外貨が貯まりすぎとったからね。それをアメリカに投資させただけだから。「もう、こっちで使ってやる」って言ってて。それはいいことなんだよ。

大川紫央　まあ、「一部、抜《ぬ》いた」と。

バイデン守護霊　アメリカにとってはな。中国はもう外貨を貯めて貯めてしてたから、それを変なほうに使われないように、アメリカに投資させることはいいことだからね。別に、そんなに言われるほど悪いと思ってないけどね。だから、まあ、私は彼（トランプ氏）よりはマイルドなんでね。うん。

大川紫央　まあ、マイルドすぎないように……。

ただ、そうは言っても、中国では監視《かんし》社会がもう、ものすごく進んでいますからね。

バイデン守護霊　いや、けっこう中国人が中国人を監視しても別に構わないんだよ。

大川紫央　いや、その触手《しょくしゅ》を、今、アメリカにも欧州《おうしゅう》にも、世界に伸《の》ばそうとしています。

バイデン守護霊　嫌《いや》だったら、なかで反乱を起こすべきで。まあ、起こせないんだったら、しょうがないじゃないか。

大川紫央　起こそうとしても殺されていきますからね、投獄《とうごく》されて。

バイデン守護霊　まあ、それはしょうがないよ。そのほうが利益が大きいと思ってるからだろう？

大川紫央　でも、（次期大統領が）バイデンさんになってからも、香港《ホンコン》で五十人以上が〝速攻《そっこう》〟で逮捕《たいほ》されていますし。

バイデン守護霊　いや、それは香港を中国の一部にしようとしてるんだろうから。先行きはそれは、共産党以外はあるわけがないじゃない。

大川紫央　まあ、「そこはもう諦《あきら》めている」ということですね。

バイデン守護霊　それはもう見切るしかないでしょ。その代わり、世界第三位の金融《きんゆう》都市を中国は失ったんだから。

マスコミがトランプ氏を嫌《きら》いなのは「悪口を言い返してくるから」？

大川紫央　分かりました。〝ローマ教皇と同じぐらいの人〟なんじゃないですか、今のあなたは。

バイデン守護霊　そんな言い方をされても分からんよ。

大川紫央　いえ、この霊言《れいげん》（とローマ教皇の守護霊霊言）を聴《き》いた人は分かるはずです。

バイデン守護霊　ローマ教皇はローマ教皇で、それは偉《えら》いんだろうけど、私には分からない。

大川紫央　イエス様の声は聞こえないらしいです。

バイデン守護霊　それはイエス様が偉いんだろうよ。

大川紫央　ここでは、イエス様が「天なる父」と呼ばれた人に、あなたは今〝入って〟いるんですよ。

バイデン守護霊　ふうーん。まあ、それはアメリカ人で信じる人はいないでしょう。

『ローマ教皇フランシスコ守護霊の霊言』
（幸福の科学出版刊）

大川紫央　だから、アメリカにも、まだもう一段、何か求められるものがあるんでしょうね。

バイデン守護霊　まあ、トランプさんが神を呼んだとしても、本当に本心かどうかはみんな疑っているから、マスコミ等は。「もう自分の行動を合理化しようとしているだけかもしらん」と思っているから。

大川紫央　いえ、マスコミの人と今の政治家は、経営をしたことがないから、トランプさんがやっていることの意味が分からないだけでしょう。

バイデン守護霊　でも、まあ、もうちょっと、やっぱり、何て言うかな、人の理解を求めてもいいんじゃないかな。いや、経営者でもいいけどさ、経営者って、嫌《きら》われて成り立つものではないでしょう、普通《ふつう》ね。

大川紫央　いえ、ですから、七千万人以上、票を入れているから、別に嫌われていいないじゃないですか。

バイデン守護霊　うーん。

大川紫央　民主党員とマスコミが、ひどく嫌っているだけじゃないですか。それと、一部、ハリウッドとか、左翼《さよく》系の人たちでしょう?

バイデン守護霊　マスコミが(トランプを)嫌いなのは、悪口を言い返してくるからだろう?

大川紫央　そうですね。

バイデン守護霊　日本の政治家だったら、マスコミの悪口を言えないんだろう?　たぶん。

大川紫央　うん。

バイデン守護霊　一方的にバッシングされるんだろう？　それで、書かれたら辞《や》めるんだろう？　日本では。

まあ、言いすぎるから。だけど、部数が減ったら倒産《とうさん》だからね。

大川紫央　まあ、生きにくい世の中になってきています。

よいほうに取れば「日本人好み」かもしれないバイデン氏

バイデン守護霊　いや、私はこういう人ですよ。でも、日本人好みかもしれないよ？　よく取れば。

大川紫央　いや、そうだと思いますよ。バイデンさんは日本人に考え方が似ています。だから、日本人受けはいいかもしれません。

バイデン守護霊　そうだと思うし、なんかアメリカがね、今ギスギスしてるからね、まあ、それをね、もうちょっとこう、モデレートな（穏健《おんけん》な）国にしようとしているんだよな。

大川紫央　緩和《かんわ》させたいんですね。

バイデン守護霊　まあ、それはそれで、一つの役割だと思ってよ。だから、トランプが突《つ》っ込《こ》んだら、本当に中国と熱核《ねつかく》戦争になったかもしれないのを、私に……、まあ、無能かもしらんが、「バイデンになったおかげで、中国ともっと仲良くなりました」っていうなら、それはそれでいいじゃないか。

大川紫央　結局、コロナで死んでいく人がたくさんいますけれどもね。

バイデン守護霊　いや、それはワクチンをつくっているから、まあ、どうにかなるさ。

大川紫央　アメリカは、戦争をしたときよりも多く死んでいるんじゃないですか？

バイデン守護霊　アメリカに関してはね、そうだけど、世界に関しては、第一次大戦も第二次大戦もすごく死んでるから。

トランプ氏を、人を酔《よ》わせる〝魔法使《まほうつか》い〟と評する

大川紫央　議事堂に行ったトランプさんの支持者の人たちがいるじゃないですか。

バイデン守護霊　あれはね、トランプは、やっぱり潔《いさぎよ》さが要《い》るから、日本へ来て武士道の勉強をすべきだ。

大川紫央　あの方たちはどういう人たちだと、バイデンさんは見ているんですか。

バイデン守護霊　あの方々って？

大川紫央　トランプさんを支持する人たちです。緩和するのであれば、その人たちのことも説得しなければいけないですよね。

バイデン守護霊　いや、トランプはねえ、私は、まったく能力がないとは言ってないよ。だから、トランプはねえ、やっぱり〝魔法使《まほうつか》い〟だと思うんだよ。一種のねえ、魔法使いで、酔《よ》わせる？　〝人を酔わせる能力〟を持ってると思うよ。そういう狂信《きょうしん》・妄信《もうしん》？　まあ、教祖向きだよな、どっちかといえば。そういう能力を持ってると思うよ。強い言葉で人を引っ張っていくからさ。

大川紫央　オバマさんも、ちょっと〝そちら系〟じゃないですか？　というか、オバマさんのスピーチライターがそうですよね、言ってみれば。オバマさんのスピーチライターがすごいですよね。

バイデン守護霊　オバマはねえ、〝現代のイエス〟を目指してたんだよ。

大川紫央　それは無理ですね。

バイデン守護霊　ちょっとそういうふうなね、「イエスならこう言うだろう」というようなのを言ってたつもりなんだけどね。まあ、この世的には弱く見えることはある。まあ、アメリカは二大政党で、交代でやってるからね。それでバランスを取ってるんで。

大川紫央　なるほど。

バイデン守護霊　だから、私がやって駄目《だめ》なら、それはまた、あっち（共和党）へ行くかもしれないけどさ。だけど、トランプさんがあと四年も怒《おこ》り続けられるかどうかは知らんねえ。

まあ、今のところ、ペロシとかは、トランプがまた、もう一回、大統領に立候補できないように、もう鎖《くさり》で縛《しば》ってやろうとしているんだと思うがね。

大川紫央　二度と這《は》い上がってこられないようにしようということですね。でも、やはり、そこまで行くのも、何か微妙《びみょう》ですよね。

バイデン守護霊　まあ、でも、お互《たが》いに失礼だからね、しょうがないんで。

大川紫央　そう。お互いがお互いですよね。

中国と仲が悪くなりたくないのは、十四億人の市場《しじょう》を押《お》さえるため？

大川紫央　では、バイデンさんも、無事に就任式を迎《むか》えていただいて……。

バイデン守護霊　いや、私もまあ、頭はそう大したことはないが、アメリカの白人としては、何て言うかなあ、エスタブリッシュメント（社会的権威《けんい》を確立した階級）のほうには入るんだよ、いちおうな。だから、別に……。

大川紫央　まあ、いい人ではあるんでしょうけどね。

バイデン守護霊　だけど、黒人や黄色人種に対したり、女性に対しても、心を開いているんだよ。

大川紫央　それはいいことだとは思います。

バイデン守護霊　だから、トランプさんのいい面は減るけど、トランプさんの悪い面のところも減るから。いや、アメリカはもうちょっと話しやすい国になるんだ。

大川紫央　でも、トランプさんは差別主義者ではないですよ。

バイデン守護霊　でも、喧嘩《けんか》するとさあ……。

大川紫央　というふうに、マスコミにはつくり上げられましたけど。

バイデン守護霊　いや、マスコミだけでないよ。だって、貿易とかで二百パーセントの関税をかけるとか、けっこう言うからさ。

大川紫央　でも、その代わり、コロナの前は、アメリカは景気がすごくよくなっていたじゃないですか。失業者も減っていましたし。

バイデン守護霊　だけど、それは、みんな認めてないから。

大川紫央　コロナで忘れちゃったんですよ。あと、黒人の方とも普通に接していますし。

バイデン守護霊　いや、あのねえ、そうじゃなくて、オバマさんも、共和党がつくった大恐慌《だいきょうこう》を乗り切った大統領っていうことになってるんだよ、アメリカではね。八年間でね。

大川紫央　なるほど。リーマン・ショックのあとですね。

バイデン守護霊　うん、引き受けてね、ちゃんとやったという。弱者の救済をしたんだよ。

大川紫央　でも、やはり、富裕層《ふゆう》を、アメリカン・ドリームを潰《つぶ》すところはありましたよね。

バイデン守護霊　いや、〝ずるっこ〟して金を儲《もう》けるやつを〝すり潰した〟だけだから。

大川紫央　それは、だから、おたくの息子です。

バイデン守護霊　まあ、うちもお金がないわけではないんだけどね。お金持ちではあるんだけどね。

大川紫央　でも、まあ、アメリカがよくなれば、それはそれでいいことですけどね。

バイデン守護霊　だから、そんな、私なんかが持ってるといったってねえ、六億円とかそんなものだよ。トランプさんはね、一兆円以上持ってるからね。

大川紫央　でも、トランプさんは、自分で商売して稼《かせ》いでいるじゃないですか。

バイデン守護霊　だから、私利私欲《しりしよく》が入る可能性がある。

大川紫央　いえ、あなたたちのほうがちょっと怪《あや》しいんじゃないですか。ご自分たちも会社をやって、そうしているのはそうなんでしょうけれども。

バイデン守護霊　カリフォルニア、ハリウッドがね、今、中国の十四億人の市場《しじょう》を押《お》さえたがってるからね、中国とそんなに仲が悪くなってほしくないわけだよ。

大川紫央　取りたいんですよね。

でも、やはり偽善《ぎぜん》はいけないですよ。映画館のなかではいっぱい自分たちが〝人殺し〟をしているのに。その反動で正義を間違《まちが》えることはいけないことです。

バイデン守護霊　いや、私一人で政治をするわけじゃないから。ほかの人たちも、まあ、議会もあるからね。裁判所もあるからね。

トランプさんはちょっとね、その三権分立のほうを忘れて、自分一人でやってるような気になってたからね、ちょっとね。

6　バイデン氏守護霊の考える米大統領像とは

「アメリカの大統領は名誉職《めいよしょく》でいい」と考えている

大川紫央　では、まあ、アメリカを導いてくださるのであれば……。

バイデン守護霊　また別の機会に、もうちょっとかっこいい霊言《れいげん》をさせてくれたら、うれしいかな。

大川紫央　はい。やはり、就任式が終わったあと、アメリカの大統領として霊言をしたほうが、今後のことをいろいろ訊《き》けると思います。

バイデン守護霊　君たちは、一月の二十日まで私が生きていないと思ってるんだろう。

大川紫央　そんなことはないですよ。生きていると思っていますよ。

バイデン守護霊　ええ？　いや、トランプ一派がねえ、この世的にだって命を狙《ねら》ってるからねえ。

大川紫央　いや、でも、それはたぶんお互《たが》いにでしょう、見ているかぎり。

バイデン守護霊　うーん、まあ、それはねえ……。

大川紫央　マスコミ、民主党系含《ふく》め、ペロシさんも含め、あとCNNの人たちも含め、新聞社も含め。

バイデン守護霊　トランプさん以下のねえ、「バイデンの認知症《しょう》は、突如《とつじょ》、もっと進め」っていう呪《のろ》いがかかってるじゃないか。

大川紫央　いえ、でも、本当に大変な責務はありますので、頭も体も丈夫《じょうぶ》で頑張《がんば》ってください。

バイデン守護霊　いやあ、まあ、一期しかしないと思うけどねえ。

大川紫央　そんな弱気な……（苦笑）。

バイデン守護霊　まあ、いや、いや、トランプさんでできた傷口もあることはあるんで。それは癒《い》やすから、許してよ。まあ、〝おたくのお父ちゃん〟が大統領になったと思えばいいんだよ。そんなものだよ。

大川紫央　いや、いや、それは無理でしょう。

バイデン守護霊　そんなものだよ。

大川紫央　いや、まあ、いい人なのは分かりますけど。いい人なんだけれども、やはり、「いい人が権力を持ったときに、またどうなるか」というのは、ちょっと頑張ってもらわなくてはいけないので。

バイデン守護霊　いやあ、周りに賢《かしこ》い人もいるから大丈夫なんだよ。

大川紫央　いや、賢いですかね……、分かりませんね。

バイデン守護霊　連銀のな、連銀の議長をやった人に、ちょっとはお金のところは任せたから、何とかしてくれるだろう。私は分からないから、どうせ。

大川紫央　名誉職《めいよしょく》じゃないですか。

バイデン守護霊　それはそうだよ。大統領はそれでいいんだよ。

大川紫央　ええーっ!?　アメリカの大統領はそうではないでしょう。

バイデン守護霊　元首なんだから。エリザベス女王みたいなふりして座《すわ》っとればいいんだ。

大川紫央　なんと！　それはどうですかね。

バイデン守護霊　いいんだよ。私はマスクをかけるから、もし効果が出たら、それだけでも私が大統領をやる意義があるんだよ。

大川紫央　やはり、ちょっと信仰心《しんこうしん》が薄《うす》いんじゃないですか。

バイデン守護霊　いやあ、日本とかは進んでるなと思って。感染率《かんせんりつ》が少ないしね。立派だなと思って、日本のまねしようとしてるんじゃないか。

大川紫央　いや、単なる人権拡大とか、科学がどうのこうのとか、「神なき民主主義」ではなくて、どうか「神ある民主主義」を……。就任式のときに、手を『聖書《せいしょ》』の上に置いて宣言しなければいけませんからね。

バイデン守護霊　私だって、それは、シロクマの命よりは人間の命のほうが大事だとは思ってますよ。

大川紫央　それは思ってくれないと。思わない人もいるかもしれませんけど。

バイデン守護霊　トランプさんの〝パフォーマンス〟は、ちょっと過ぎたから。

「賢《かしこ》くない人が大統領をできることはいいこと」と語る

バイデン守護霊　君、何をされようとしてるの？　それ。君、何をしているんだ？

大川紫央　いえ、ちょっと眠《ねむ》くなってきました。

バイデン守護霊　いやあ、そう。いや、君ねえ、だいたい根性《こんじょう》が入ってないんだよ。

大川紫央　今、（深夜の）一時半が来てしまいましたから。

バイデン守護霊　だって朝起きないんだから、しょうがないじゃないか。

大川紫央　いえいえ、夜、こうやって寝《ね》られないからですよ。

バイデン守護霊　夜、仕事するしかないじゃないか。

大川紫央　自分が昼だから来たんでしょう。

バイデン守護霊　アメリカは、今、昼だよ。

大川紫央　でしょう?

バイデン守護霊　これから昼寝に入れる。

大川紫央　こうやって総裁先生に……。ご自分は〝エネルギー満タン〟になって帰っていくんでしょう。

バイデン守護霊　うーん。

大川紫央　満タンまでは行かなくても、霊的に光を浴びてちょっと癒やされて帰っていくでしょう。

バイデン守護霊　いやあ、日本のねえ、〝悪口の根源〟をちょっとね、蓋《ふた》していかないといかんのです。

大川紫央　そんなことはありませんよ。私たちは悪口の根源ではありません。

バイデン守護霊　アメリカの大統領っていったら、非常に〝先制攻撃《こうげき》〟だから。

大川紫央　いえ、総裁先生もこの間、東京正心館《しょうしんかん》で、(「『秘密の法』講義」のなかで)ちゃんとおっしゃっていました。先生は全然、過激ではありません。

バイデン守護霊　いや、バイデンは好きではないだろう?　でも、いいんだよ。「バカが大統領をできる」っていうことはいいことなんだよ。

大川紫央　いえ、それはどうでしょうか。

バイデン守護霊　世界が平和になる。

大川紫央　だって、今、〝バカ〟が大統領になってはいちばんいけない時期じゃないですか。

バイデン守護霊　うーん？　そんな、習近平《しゅうきんぺい》だって〝バカ〟なのに……。

大川紫央　まあ、そうですねえ。

バイデン守護霊　「自分は賢《かしこ》い」と思っとるから、あんなことが起きてる。

大川紫央　だから、そこですよ。自分に能力が足りないのにやってしまうと、悪が発生するときがあるんですよ。

バイデン守護霊　私は「バカだ」って知ってるからさあ。

大川紫央　ああ、なるほど。ご自分で自覚があるわけですね。

バイデン守護霊　メルケルさんみたいに賢くはないよ、私は。それは知ってるからさあ。

大川紫央　なるほど。

バイデン守護霊　だから、平和なんじゃないか。

大川紫央　分かりました。

バイデン守護霊　うーん、うーん。まあ、でも、〝優《やさ》しい子羊〟なので。

アメリカは今後、中国の悪を止められるのか

大川紫央　でも、（アメリカも）お互いに、もう憎《にく》しみ合いはやめたほうがいいですよ。民主党のほうも、もうやめたほうがいいですよ。必死になって、韓国《かんこく》みたいになっています。

バイデン守護霊　いや、でも、あんたの考えは変わるよ？　そのうち絶対、またトランプ（守護霊）が来るから。トランプ（守護霊）が来て（話を）聞いたらさ、考えが変わるよ？　これは。

大川紫央　その可能性はあります。

バイデン守護霊　うん。過激だから、言うことが。

大川紫央　でも、トランプさんは、本当に責任感から言っているところもあると思いますよ。確かに、中国に攻《せ》められる可能性はありますからね。

バイデン守護霊　ただねえ、いや、私は仏教徒ではないけどねえ、トランプに言いたい。「おまえ、執着《しゅうちゃく》あるぞ」って、やっぱり。「もうちょっと執着を断《た》ちなさい」って言わないといけない。

大川紫央　でも、ご自分も、もうそうじゃないですか。

バイデン守護霊　私は当選したんだから、別に、（大統領に）なる権利があるんでな。

大川紫央　まあ、いいですけれども。

バイデン守護霊　私だってね、妻や子供を亡《な》くしたこともあるわけだよ。そういうなかから立ち上がってきたんだからさ。リンカーンみたいなところがあるわけだよ、私も。

大川紫央　もう、あなたたちのような、あまり霊を信じていない人たちからすると、カルトにしか見えないんでしょうけど。

バイデン守護霊　私、信じてるよ。霊を信じてるよ。

大川紫央　いやあ、もうアメリカのマスコミも、全部〝終わっている〟じゃないですか。

バイデン守護霊　霊を信じてるよ。

大川紫央　あまり、もう信じられないじゃないですか。

バイデン守護霊　霊は信じてるけど、商売にならないから、彼ら、使ってないだけで。

大川紫央　ただ、やはり、中国には今、すごく悪のエネルギーは入っていますからね。それで世界を席巻《せっけん》しようとしていて、止められるのはアメリカしかなかったのに、「バイデンさんになって弱くなるのではないか」というポイントが残るという。

バイデン守護霊　いや、分からない。意外に、私になって、習近平が自信満々でやりすぎて潰《つぶ》れることがあると思うよ。

大川紫央　まあ、それは願いたいですけど。

バイデン守護霊　うん。経済が本当は実体がついてないのに、大きく見せようとしてるのは分かってるから、力があるように見せようとして潰れるかもしれない。

大川紫央　まあ……。分かりました。

バイデン守護霊　中国はねえ、十分……、いや、私にならなくても、十分嫌《きら》われてるから、もう。世界からは嫌われています。

大川紫央　なるほど。

バイデン守護霊　だから、それはねえ、はっきりしてるんですよ。

大川紫央　ただ、「嫌われている」ということを、そんなに察知しない神経を持っているんじゃないですか。

バイデン守護霊　ヨーロッパの首脳はみんな嫌ってますから、今。さすがに嫌ってます。いやあ、香港《ホンコン》は、それはあれだったし、みんな知っちゃったから、ほかのところのを。強制収容所を知っちゃったからね。もう「ヒットラーの悪夢」が甦《よみがえ》ってくるんです。

大川紫央　まあ確かに、バイデンさんになって、なめてかかって、何かがバレればいいですね。

バイデン守護霊　「隠蔽《いんぺい》してる数字」はある。

大川紫央　そうそうそう。

バイデン守護霊　あるのは分かってる。アメリカとかは隠蔽できないんでね、ほぼね。だから、厳しいんだけどさ。

そりゃねえ、中国人が、例えばさ、「（新型コロナウィルスの）死者は、まだ数千人」とか言ってるんだと思うけど、実際、死んだのは、何十万人も死んでたりするかもしれないからね。分かりゃしないよね。

暗殺を恐《おそ》れるバイデン氏守護霊

大川紫央　まあ、でも、弾劾訴追《だんがいそつい》とかも、まあまあなだめてやらないと、「トランプさんだけ沈《しず》めればいい」と思っていると思いますけど、それをやると、もっと、〝トランプ信者さんたち〟は暴《あば》れるかもしれませんから。

バイデン守護霊　いや、そんな、あんたは私に関心がないだろうけど、でも、おたくの編集とかに訊いたら、「いや、こういうことを訊いてくれ」っていうことがいっぱいあると思うよ。次のアメリカ大統領なんだからね。

大川紫央　では、就任式を無事終えて、大統領になられてから。

バイデン守護霊　うん、うん。うーん。

大川紫央　今、訊いてもトランプのことと、あれでしょう。

バイデン守護霊　だって、暗殺するんだろう？

大川紫央　誰《だれ》が？

バイデン守護霊　あんたがた。

大川紫央　しませんよ。

バイデン守護霊　狙ってるんだろう?

大川紫央　狙っていません。うちには鉄砲《てっぽう》とかもないですし。

バイデン守護霊　ふーん。怪《あや》しい。

大川紫央　なぜ?　暗殺するわけないじゃないですか。

バイデン守護霊　いや、黒魔術《くろまじゅつ》を使うから。

大川紫央　総裁先生はそういう発想が嫌いなので。

バイデン守護霊　黒魔術みたいな。

大川紫央　暗殺はしません。

バイデン守護霊　まあ、いいけどさ。

大川紫央　というか、暗殺できないでしょう。

大統領になったら、「みんなの意見を聞いてやる」という結論

バイデン守護霊　「いい人だ」って言うてくれたらいいんだよ。

大川紫央　いえ、ですから、当会はアメリカでそんなに言論力はないですから。

バイデン守護霊　だから、日本で……、そうだなあ、安倍《あべ》さんが長くやってたから、昔の人はもう、あんまり分からないけど、いい人としてはどのくらいかっていうと、うーん、森《もり》（喜朗《よしろう》）さんぐらいのいい人なんだよ。

大川紫央　日本の政治家の名前を挙げてもらっても、みんなどっこいどっこいですか

ら。

バイデン守護霊　だから、まあ、誰がやっても同じだけども。

大川紫央　でも、まあ、日本人に近いですね。

バイデン守護霊　うん。

大川紫央　日本人っぽいです。

バイデン守護霊　そうだよ、うん。カリフォルニアロールを食べるから。

大川紫央　では、「もし日本人がアメリカの大統領になったら、どうなるか」という実験と似ているかもしれません。

バイデン守護霊　うん。だから、何にも判断しないよ。みんなの意見を聞いてやるから。まあ、そういうことです。はい。
「私の意見はない」っていうことです。はい。

大川紫央　なるほど。

バイデン守護霊　はい。

大川紫央　では、ありがとうございました。

バイデン守護霊　はい。夜中にどうもすいませんでした。

大川紫央　いえいえ。

バイデン守護霊　奥様《おくさま》がどうせ眠れないだろうから、お仕事をされたほうがよいのではないかなと思って。

大川紫央　いえいえ。

バイデン守護霊　トランプさん（守護霊）も、私がやったら一回暴れ込《こ》んで来るからね。

大川紫央　はい。

バイデン守護霊　なるべく日中に聞いたほうがいいと思うよ。

大川紫央　はい。さようなら。

バイデン守護霊　はい。

第2章　米新大統領は世界の混沌《こんとん》にどう立ち向かうのか

――バイデン守護霊《しゅごれい》の霊言《れいげん》②――

二〇二一年一月二十日　収録

幸福の科学　特別説法堂《せっぽうどう》にて

［質問者四名は、それぞれA・B・C・Dと表記］

1　米新大統領の本心に迫《せま》る

バイデン氏の人柄《ひとがら》と考え方から、今後四年の世界の動きを予想する

大川隆法　おはようございます。

今、日本時間の二〇二一年一月二十日、午前十時十一分という時間でやっています。日本時間では明日《あした》の未明ぐらいに、アメリカでバイデン新大統領が就任される予定になっています。

まあ、就任式を見てからのほうが本当はいいのかもしれないとは思いますが、また機会もありましょうから、就任式前ではありますけれども、「この新大統領が出ることによって、アメリカがどう変わるのか。あるいは日本はどう変わるのか。世界の流れがどう変わるのか」について、あらかじめ予測するのも当会の仕事かと思っております。

前回は、去年の夏に録《と》りました、バイデン候補とトランプ候補の「米大統領選について」の守護霊《しゅごれい》インタビューを本にしました（『米大統領選　バイデン候補とトランプ候補の守護霊インタビュー』）。バイデンさんはあまりパッとはしなかったのですが、トランプさんのほうはもう自信満々でした。それで、「（本の）帯に『神は、次期大統領としてトランプを指名された！』と入れてくれ」と言うから、そのとおりに入れたのですけれども、幸福の科学のほうもやや責任をかぶることにはなりました。

私どものほうとしては、トランプさんのやり方のほうがやりやすいかなとは思ってはいたのですが、トランプさんが七千四百万票、それからバイデンさんが八千百万票と、共に大統領選としては過去最高の票を取られたようですので、トランプさんがなかなか最後まで譲《ゆず》らなかったのも理由はあろうかと思います。

ただ、八千万票以上集めたバイデンさんというのも、みんなが見て何か認めるものはあったのかもしれないとは思います。見落としているところがあるなら、それ

『米大統領選　バイデン候補とトランプ候補の守護霊インタビュー』（前掲）

を見つけなければいけないし、いちばん大事なことは、「人柄《ひとがら》と考え方から見て、今後、最低四年、世界はどういうふうに動くと見て、アメリカの駒《こま》の動き方を予想し、どのように考え方を練るか」というところでしょうか。

このあたりが当会でできることかと思います。まあ、実戦上の問題は、いろいろな方が絡《から》んでくるので、思うようにはならないとは思いますけれども。

そういうことで、上院の外交委員長等もされていたので、「外交通」という意見もかなりあることはあるのですけれども、その「外交通」なるものが功《こう》を奏《そう》するのか奏しないのか、本当はこのへんがいちばん問題のところかと思います。

（質問者に）それでは、あとはお任せしましょうか。

バイデン氏の守護霊を招霊《しょうれい》し、その本心を訊《き》く

大川隆法　では、お呼びします。前回、日本語で話をされているので、できるとは思います。もし突《つ》っ込《こ》みがきつかったら日本語をしゃべらなくなる可能性もあるかとは思いますが（笑）、日本の人が観《み》るほうが多いと思いますので、視聴者《しちょうしゃ》の便宜《べんぎ》の

ため、できるだけ日本語にてお話ししたいとは思っております。

（手を軽く二回叩《たた》きながら）では、アメリカ第四十六代大統領、ジョセフ・バイデンさんの守護霊をお呼びいたしたいと思います。

ジョセフ・バイデンさんの守護霊よ、幸福の科学に降りたまいて、そのご本心を語ってください。

バイデンさんの守護霊よ、よろしくお願いします。

（約五秒間の沈黙《ちんもく》）

2 就任式直前の心境を訊《き》く

招霊《しょうれい》に応じてバイデン氏守護霊が現れる

バイデン守護霊　（咳《せ》き込《こ》む）ああ、何とか。

質問者Ａ　こんにちは。

バイデン守護霊　何とか……、何とか、漕《こ》ぎつけそうです。

質問者Ａ　バイデンさんの守護霊でいらっしゃいますか。

バイデン守護霊　暗殺されずに何とか、もうちょっとで行きそうです。

質問者A　はい。今日は、いよいよあと半日で大統領就任式を迎《むか》えられるというタイミングで。

バイデン守護霊　ああ、君、怖《こわ》い。なんかねえ。

質問者A　いえ、とんでもないです。

バイデン守護霊　なんか、君、剣《けん》をこう背中に背負ってるような感じがするなあ。

質問者A　いえいえ。

今回の大統領選は、本当に異例ななかで……。

バイデン守護霊　うーん。それはそうだ。

質問者A　就任式も、州兵が今、二万五千人ぐらい動員されていて、そうした厳戒《げんかい》態勢のなかでされるのも異例です。

バイデン守護霊　うん、うん、うん。

質問者A　あと、先週、ちょうど一週間前の一月十三日には、大川隆法総裁のもとに守護霊様が現れて、ぜひ、正式に所信を述べたいということでしたので。

バイデン守護霊　うん、そう。ちょっとねえ、スマートなのを一発撃《う》ち込みたいな。うーん。

質問者A　はい。今日、ぜひそれをお聞かせいただければと思います。

バイデン守護霊　君たちは、私を解任することはできないからね、少なくともね。いやあ、死ぬか、次の選挙で負けないかぎりね。うん。

トランプ氏を「キングコングのような感じ」と評する

質問者A　今、異例とも、異常とも思えるような状況《じょうきょう》で就任式を迎えられるわけですが、率直《そっちょく》な心境といいますか、考えておられるところは、どんなところでしょうか。

バイデン守護霊　まあ、トランプ氏の大統領っていうのは、南海《なんかい》の孤島《ことう》からキングコングをアメリカに連れ込んだような感じで、それで、ホワイトハウスに入《い》れたっていう感じだからねえ。キングコングはまだ生きているからさ、何か暴《あば》れるかもしれないということで、鎖《くさり》につないでも、まだ分からないっていう。まあ、それは、そういうところはあるわなあ。

私なんかは、キングコングに比べれば、ワッツ・ナオミみたいなもので、それはもう、みんなから、誰《だれ》にも危険だと思われていない、本当に愛すべき人格だからね。

うーん、しょうがないんじゃないかなあ。

キングコングがいるからね。あれ、何を言ってるか分からないからね。だから、「ツイッター社とか、フェイスブックだとか、いろんなところが彼のをもう発信させない」っていうのは、まあ、（トランプ氏は）潜水艦《せんすいかん》の魚雷《ぎょらい》みたいなもので、すぐ撃ち込むからさあ。それはやっぱり、乗る人はいるからね、扇動《せんどう》されたり。だから、それは大事なことだけど、それだけではまだ危ないという。非公式情報で、まあ、アメリカの国民も、もうカッとなる人が多いからね。

私ほどの温和な人が（大統領に）なって、それで何の不都合《ふつごう》もないのに、なんでそこまで……。人を見たら悪口を言うっていう性格は、もう直すべきだ。宗教的に直すべきだと思う。一度、日本に引っ張ってきて、幸福の科学で反省行《ぎょう》をやらせたらいい。うん。

質問者Ａ　対するトランプさんも七千五百万票は取られたということで、やはり、かなり手強《てごわ》い敵だったと考えておられますか。

バイデン守護霊　君、百万票多く言わなかったか、今。

質問者Ａ　いやいや（笑）。だいたい、およそですね。

バイデン守護霊　七千四百じゃないか。うーん。

質問者Ａ　ただ、いろいろと発信されているなかで、政策についてはあまりはっきりしないところもあるのですが、分断から統一というか、団結を求めるというところだけはおっしゃられていたかと思います。

バイデン守護霊　マスコミは、日本もアメリカも世界も、だいたいそういうふうには言ってくれてるから、それだけでも、まあ、もう仕事は終わったんじゃないかな。うん。私がいるだけで、もう終わったんだよ。彼はとにかく、もう〝ズタズタに裂《さ》いていく〟からね。暴れて暴れてするから。
大統領って、やっぱり「象徴《しょうちょう》」だからね。「国のまとまりの象徴」なんだ。それだけでいいんだよ。うん。

カマラ・ハリス氏は「女性票と黒人票を集めるための副大統領」？

質問者Ａ　ちょっと、ジャーナリスティックにもお訊《き》きしたいのですが。

バイデン守護霊　うん、ああ、ああ、ああ。

質問者Ａ　早くも、「カーター以来の弱い大統領になるのではないか」ということも言われておりますが、もし反論等があれば。

バイデン守護霊　うん、ありがたいねえ。どうぞ、そう言ってください。そうすれば、点数があと乗るだけだから、どうぞ、そう言ってください。ええ。何かしたら、プラス点が入るから、どうぞどうぞ。ええ。

質問者A　率直なところ、「二期はさすがに難しいのではないか」という意見もあるのですが。

バイデン守護霊　いや、分からんよ。意外にねえ、意外に粘《ねば》ることもあるからねえ。うーん。もしかしたら、もしかするかもしれないな。欲が少ないほうが勝つ場合があるからね。

質問者A　場合により、カマラ・ハリス副大統領のほうにスイッチするという観測もあります。それについては、どのように考えておられますか。

バイデン守護霊　うーん、いやあ、それは、ハリスさんは「女性票と黒人票を集めるための副大統領」だから、やっぱり実際上、大統領はできないよ。私がやらなければ、無理だと思うねえ。うん。今のところな。今のところね。

質問者Ａ　自信があるということですね。

「できるだけ多くの人に仲良くしてもらうことが大事」という外交観

質問者Ａ　では、総裁も冒頭《ぼうとう》で言われていたのですけれども、今のところ、外交にいちばん強みを感じておられるということでしょうか。

バイデン守護霊　いやあ、孤立してるからね。〝トランプ孤立〟っていうのが起きてるから、これを破らねばならんからね。

やっぱり、外交っていうのは、できるだけ多くの人にね、仲良くしてもらうことが大事だからね。いたずらに敵をつくる外交っていうのは、特にアメリカみたいに世界最強国がいたずらに敵をつくるということは、〝弱い者いじめ〟と一緒《いっしょ》だから、あんまりやっちゃいけないことだよな、うん。

質問者A　今までトランプ大統領は、どちらかというと二国間交渉《こうしょう》のほうを優先するということで。

バイデン守護霊　彼は個人的にしかできないからね。

質問者A　はい。国際機関、国連等はあまり尊重していなかったのですけれども、そのあたりについては、どのような構想を持たれていますでしょうか。

バイデン守護霊　いや、彼はもう、ほとんど「ベネフィット」ねえ、「利益があるかどうか」で判断してるからさあ。それは、経済人っていうか、経営者の判断だけど、政治は非営利事業だからさあ。まあ、利益があろうがなかろうが、やらなきゃいけないことはやるっていうのが政治なので。だから、会社の社長にはできないことをするのが政治なんでねえ。

だから、本当はあんまり利益にならないけども、例えば、弱者を救済したり、「世界の国との関係上、ちょっと損が出るけど、ここは堪《こら》えどころかなあ」というところは堪えたりすることも大事だし。国際的に、やっぱり、こんな超《ちょう》大国が孤立したんじゃ、困るじゃないか。

トランプさんの狙《ねら》いは、「中国を孤立させて包囲する」っていうことだったと思うけども、逆に「アメリカのほうが孤立して、追い出されていく感じ」になってきてたからね。

だから、マスコミが「これはバイデンにしないと危ない」と思ったのも、それは理《り》があるよな、うん。

ＬＧＢＴを受け入れる姿勢を示した理由とは

質問者Ａ　アメリカの大手マスコミは総じてバイデンさんに非常に好意的で、ほとんど応援団《おうえんだん》のように動いていたところがあったと思います。

バイデン守護霊　いや、もう、光の天使にしか見えんだろう。うーん。

質問者A　内政のほうで少し注目されているのが、女性を登用したり、ＬＧＢＴというか、（同性愛者の）ブティジェッジさんを閣僚《かくりょう》に入れようという動きがあったり、多様性ということで、マイノリティにも配慮《はいりょ》しているところです。まあ、民主党らしいのですが。

バイデン守護霊　いや、それをしないとさあ。最初は、私でさえ泡沫《ほうまつ》候補扱《あつか》いされてたからさあ。だから、そちらのほうを受け入れる姿勢を示せば、主流の候補者になってこれたからさあ。だから、やっぱりそれをやらないとね。

自分の考えとぴったり一致《いっち》してるわけではないよ。ないけども、それをやっぱり、ある程度、譲歩《じょうほ》して包み込むのも仕事だからね。国民はいろんな人がいるから。まあ、国民で税金を納めてるような人たちは、やっぱり受け入れなきゃいけないからねえ。うーん。

3　対中国戦略についての考え方を問う

中国とは「戦争しないで済む範囲《はんい》内で交渉《こうしょう》していくべき」と考えている

質問者B　冒頭《ぼうとう》、総裁のほうから……。

バイデン守護霊　君、なんで（共和党のカラーである）赤に近いネクタイをしてきたんだ？

質問者B　ちょっと遠慮《えんりょ》してピンクに変えまして、少し青に寄せたんですけれども。

バイデン守護霊　総裁は〝従順に〟青のネクタイをしてきとるじゃないか。（質問者Cを指して）こっちも赤だな。（質問者Aを指して）あっ、こっちも赤がいた！　やっぱり君らは共和党かあ。

質問者B　それで、冒頭、総裁のほうから、「いわゆる外交通として、外交のところが問題になってくるのではないかと思います」というお話もありましたので、その外交の核心《かくしん》の部分からさっそく入りたいんですけれども。

バイデン守護霊　うん、うーん。

質問者B　先ほど、中国の名前も出ましたが、ちょうど一週間前、こちらに来られたときに、中国に関して、「中国に圧力をかけるふりをする」と。

バイデン守護霊　うん。

質問者B　「ふりをするけれども、実際は、いわば仮想敵に当たる部分をロシアのほうにシフトしていく。そういうつもりである」というふうに、守護霊様はおっしゃったのですが（本書第1章参照）。

バイデン守護霊　ほお、ほお。

質問者B　同じ守護霊様がおっしゃったのですが。

バイデン守護霊　ほお、ほお、ほお。

質問者B　それに関して、具体的にいかがお考えでしょうか。

バイデン守護霊　いや、だから、それはね、まあ逆説的には、トランプにそのままあと四年やらせたら、中国と戦争が始まるからさあ。それを望むか望まないかっていう判断だわなあ。

戦争する場合は、やっぱり、国民にだって被害《ひがい》は出るし、向こうにも被害は出るし、他の外国にも影響《えいきょう》は当然出るから、こんなコロナ禍《か》でねえ、世界中が苦しんで、病人がいっぱい出て、死者がいっぱい出てるときに、さらにこれで戦争をやったらどうなるかっていったら、もっともっと悲惨《ひさん》なものが増えてくると思うよ。

だから、「基本的には、戦争はしないで済む範囲《はんい》内で交渉《こうしょう》していくべきだと思っている」ということを、まあ、そういう言い方でしたわけですね。

質問者B　「基本は非戦」ということになりますと、今、基本的に武力誇示《こじ》ですべてを決めようとしている中国に対して、かなりポジションが弱くなるということを世界中の人が心配しているわけですが、その点に関してはいかがでしょうか。

バイデン守護霊　まあ、その点に関しては、うーん……、まあ、〝統合幕僚長《ばくりょうちょう》〟が考えることなんじゃないかなあ、うーん。

コロナの原因究明については、「今さら言ってもしょうがない」と語る

質問者B　実際に軍のほうに仕事を振《ふ》る前の重要な点として、「できれば戦いたくない」とおっしゃいましたし、もっと重要なことも言っておられました。「戦いたくない。死者を出したくない」と言いつつ、アメリカ自身も今コロナで第二次世界大戦を超《こ》える死者を出しているわけです。

バイデン守護霊　うん、うん、うん。

質問者B　その原因たるコロナの発生源に関して、一週間前の霊言《れいげん》で、あなたは「発生源のことに関しては考えたこともない」、もっと言えば「結論を出したくない」ということをおっしゃいました。

それはなぜかというと、これはご自身のほうからおっしゃられたのですが、発生源の特定について、「中国の研究所でつくられたものが外に出て、あるいは撒《ま》かれ

て広がって、アメリカその他、世界で何百万人もの死者が出たということになると、中国との間で核戦争になる。だから、そういうことにはしたくないんだ。そういう結論は出したくないので、発生源に関しては結論を出さなくていいんだ」というふうに、ちょうど一週間前におっしゃられました。

これに関してはいかがですか。

バイデン守護霊　いや、「一方では、感染者《かんせんしゃ》が死ぬのを救おうとして救急活動をしておりながら、一方では、兵器を使って人を殺しまくる」っていうのは、これはやっぱりねえ、同時に、同じ人間の発想としては出せるものではないんで。救うなら救う。まあ、「圧倒的《あっとう》な悪」と世界が認めるなら、それは、そういうこともあるとは思うけれども、中国と戦争しなきゃいけないようなときには、やっぱり欧州《おうしゅう》からアジア、まあ、いちおう全部の合意を得てでないと、アメリカだってやらないつもりではいるので。

だから、「この不幸のなかに不幸を重ねるようなことは避《さ》けたい」っていう、マスコミの主流はそういうことだったんじゃないかなあと思う。だから、そのへんを読み違《ちが》えちゃいかん。

で、「ロシアに振って」というのは、「ロシア疑惑《ぎわく》」はもう、トランプさんの就任前から言われてたことだから、そこのところを、まあ、勝手に恩赦《おんしゃ》を出したりいろいろしてらっしゃるからねえ。

向こうが勝ったら、私のほうを「中国疑惑」で刑務所《けいむしょ》に放り込《こ》んでやろうとしてたんだろうと思うから、まあ、どっちがどっちか、これは分からんところがあるけど。アメリカのように大きな国になりましたら、いろんな国とのコネクションはいっぱい出てくるからね。それが、負ける側になると、いろいろ罪に問われるようなこともあると。まあ、でも、韓国《かんこく》みたいな国にはなりたくはないよな。

で、言いたかったのは何だっけ。「原因究明したくないと言ったのが、けしからんのじゃないか」っていうことだったかな。

質問者B　その真意をお伺《うかが》いしたかったのですが。

バイデン守護霊　だって、もう世界中に広がって一億人も感染してるんだから。これは、今さら言ってもしょうがないし、中国のほうは、もうどうせ説得されることはないので。「アメリカ発」だと言ってみたりさ、「ヨーロッパ発」だと言ってみたり、最近はもう、コウモリウィルス説だと中国発っていうことになるから、「ミンクからコウモリにうつった」とか、「ミンクからそのまま来た」とか、まあ、ほかのをいっぱい言ってるからさあ。

質問者B　まあ、さすがにそれはＷＨＯも否定していますけれども。

バイデン守護霊　ああ、もうこれは駄目《だめ》だわ。だって、言っても、もうそれは、どうせ認めないから。もう、これは言っても〝泥試合《どろじあい》〟だ。

コロナの発生源について、どこまで知っているのか

質問者B　さすが、就任式を控《ひか》えられて、一週間前と違って、国会答弁型でまとめてこられましたので……。

バイデン守護霊　それはそうだよ。いや、それはちゃんと……。そのために（霊言収録を）頼《たの》んだんだよ。

質問者B　あえて、後半のほうでお訊《き》きしたかった点を……。

バイデン守護霊　君、大統領と今話してるんだからさあ、なあ？　マスコミのインタビューだって、事前に質問事項《じこう》を出さなきゃいけない。

質問者B　ええ。ですから、まさにＦＯＸ《フォックス》並みの、あるいはＣＮＮ並みの、いわば

ポライト（礼儀《れいぎ》正しい）といいますか、節度を保って今ご質問させていただいていますけれども。

バイデン守護霊　うん、うん、うーん。

質問者B　あえて、今おっしゃったことに関して申し上げますと、「もう広がっちゃったから、しょうがないじゃないか」ということに関しては、「第二弾《だん》、第三弾が出てくるかもしれないということについて、どうもアメリカ政府もつかんでいるのではないか」と解釈《かいしゃく》できることを、一週間前におっしゃったんですね。

バイデン守護霊　いや、変異種はどんどん、まあ、今は二週間に一つぐらいは変異種が出てますからね。

質問者B　いやいや、変異種の話ではなくて……。

なぜ、これについて訊いたかといいますと、一週間前のお話で、「発生源を考えたくない。結論は出したくない。出すと大変なことになるから」と言っておられましたが、このおっしゃり方は、多くの人が聴《き》くと、「実際の発生源がどこだったかということに関して、バイデン大統領は実は知っている」という印象を、あの霊言を聴かれた非常に多くの方が思われたわけなのですけれども。

バイデン守護霊　たとえ今、中国という国を滅《ほろ》ぼしたとしてもね、このウィルス自体はなくならないからね。もう世界中に蔓延《まんえん》しているからね。ブラジル型も違うし、イギリス型も違うし、それ以外のものもあるからね。これ自体はもう、解決することではない。

〝泥試合〟してる暇《ひま》があったら、やっぱり「救済体制を固めるほうが先だ」と言ってるんだからさ。

質問者B　「コロナウィルスがなくなる、なくならない」に関しては、宗教の立場から打つ手がありますので、これは別途《べっと》、また幸福の科学で考えていきますけれども、いずれにしても、前回、「どうも知っているらしい」ということに関して、さらに具体的に突《つ》っ込んだ発言までしてくださいました。

しかも、その発言は、一週間前だけではなくて、そこのお手元にあります八月の本（『米大統領選　バイデン候補とトランプ候補の守護霊インタビュー』）のなかでも、実は同じことをおっしゃっていましたので……。

バイデン守護霊　ほお。ああ、そう。

質問者B　ああ、よほど言いたいのだな、と。

バイデン守護霊　いや、別に、大統領に就任したら、アメリカが何か関係があるということを、私は言うと思わないよ。言わないね。もう言わない、もう言わない。

質問者B　「もう言わない」ということは、要するに、「かつて言ったことは事実だった」ということですか。

バイデン守護霊　もう言わない、うん（笑）。いやあ、言うわけにいかないでしょう。言ったら責任が出てくるもの。

ウイグルでの虐殺《ぎゃくさつ》については、「白紙で話し合いを」と語る

質問者B　重要なことは、要するに、「アメリカ政府として、あるいはアメリカ大統領として、中国が悪事を隠蔽《いんぺい》することに加担する道を選ぶ」ということを、今おっしゃっているわけなのですけれども、それが次期合衆国大統領のスタンスであると。

バイデン守護霊　加担する……、加担する……。

質問者B　「コロナの発生源、および、この病気はなぜ広がったかということとの真実

を隠蔽する側に立つ。実は、アメリカ合衆国も、自分の国の利害もあるので、そちらを隠蔽するほうに加担する」というふうにおっしゃっているわけなのですが、それが合衆国大統領の正式見解だというふうに捉《とら》えてよろしいですか。

バイデン守護霊　とりあえずね、まあ、トランプさんとの違いははっきりしなきゃいけないからさあ。

もう、最後の最後まで、トランプさんはあがいているからさあ。まだ、「今、ウイグルで虐殺《ぎゃくさつ》が行われている」とか、もう大統領就任の一日ぐらい前に、まだそんなことを言って、〝宿題〟を残していこうとしているからさあ。これは、もう一触即発《いっしょくそくはつ》になるような状況《じょうきょう》をつくって辞《や》めようとしてるからさあ。

まあ、大統領が替《か》わったら、いちおう白紙の上で交渉っていうか、話し合いはしなきゃいけないからねえ。

だから、ウイグルで虐殺が行われているとか言うんだったら、それは、ちゃんと調査団を派遣《はけん》して調べてからやるのが、現代的で科学的な考え方だと思うから、それはいちおうやらなきゃいけないし、それを拒否《きょひ》するんだったら、それなりに圧力は加えなきゃいけないとは思うけど。いきなり、そのまま引き継《つ》ぐわけにはいかないんでね。大統領交替《こうたい》の意味がないからね。

ただ、今のままだったら、もう戦争に一直線に行っているような感じはするからね。「それがいいのか」っていうことで、「日本にとっても、それがいいのか」っていうことになる。

「コロナウィルスの研究はアメリカで始まった」と明かす

質問者B　今のままであれば、大統領が交替したら中国が具体的に前へ出てくる。例えば、台湾《たいわん》あるいは香港《ホンコン》では出ています。この点に関しては、後《のち》ほどぜひ触《ふ》れたいのですが、その前に、もう一回、今の点を確認しておきたいと思います。

「ニューズウィーク」など一部の報道でも出ているように、生物兵器の技術は「医《い》療《りょう》用」と「兵器用」のデュアルユース（両用）で区別がつかないのですが、あなたは一週間前、コロナに関して、「アメリカはそれについて、事実上の軍事共同研究を中国としていた。途中でやばいと思って手を引いたのだけれども、中国は引き続きそれを続けて完成させてしまった」というふうにおっしゃっていました。
この部分は公開されていますので、読者の方々、あるいは霊言を視聴《しちょう》されている方々には、そちらも聴いていただければよろしいかと思うのですが。

バイデン守護霊　うーん。

質問者B　「そういうわけで、アメリカとしても、実はこの件は表に出るとまずいんだ。表には出したくないから、この件はもういいじゃないか。中国が仮に研究所のなかでこれをつくって世界に撒いたとしても、それでいいじゃないか。そういうことにしておけよ」というようなことをおっしゃったのですけれども、この部分に関しては、「まあ、そういうことだな」と……。

バイデン守護霊　いや、君の事実認識のなかに、一部違うものがあると思うんだよ。

「中国で、アメリカと中国は共同研究していたけれども、アメリカは引いて、そのあと中国がやり続けてなった」という言い方をしたけど、その前があるんだよ、うん。
実は、アメリカで研究を始めていて、中国研究者が中国に帰ったので、アメリカの研究者も中国まで行って一緒《いっしょ》に研究していたけど、「これはまずい」と思って引いたっていう。もとは、だから……。

質問者B　アメリカなんです。

バイデン守護霊　アメリカで研究が始まっているんで、中国から始まったわけじゃないんだよ。

質問者B　だから、「もっとまずい」と。

バイデン守護霊　だから、向こうに言わせると、「それはアメリカが始めた」って言うから、「もうこれ以上は〝泥試合〟できつくなるから、やらないほうがいい」って言ってるんだ。

質問者B　ええ、そうですね。実は、それが今日の質問の二問目です。

幾《いく》つかの事故が起きて、アメリカが撤退《てったい》したのが二〇一四年だったと思うのですけれども、前回、「十五年間、共同研究をやった」とおっしゃったので、ということは、「それに先行する十年間もアメリカの独自研究ではなくて、二〇〇五年から共同研究をやっていたのだ」という世界初のスクープをおっしゃってくださったのかなと思って、ちょっとびっくりしたのですが、その部分に関しては、「実は、アメリカが単独でやっていた」ということですか。

バイデン守護霊　いやあ、まあ、君、君、常識を外れてるよ。

あのねえ、まあ、核兵器を持ってるところは核のほうに力を入れてるかもしれないけれども、核兵器のない国でねえ……、日本は知らんけど、まあ、日本もやってるな、日本も含《ふく》めてね、生物兵器、ウィルス兵器等を研究してない国がねえ……。まあ、ずーっと後《おく》れた国は知らないけれども、中規模以上の国なら、どこも研究しているんだよ。

だから、あんたが調べたきゃねえ、イランだってイラクだってねえ、どこだってあるんだよ、そんなものは。

外交交渉《こうしょう》では、中国とは「お互《たが》い持ちつ持たれつ」？

質問者Ｂ　今はそのことを申し上げているわけではなくて、今日、民主党から出た大統領にお訊きしたかったのはこういうことです。

おっしゃったとおり、二〇一四年にアメリカは引いたのだけれども、中国で行われた継続《けいぞく》研究に対して、前の民主党政権が資金援助《えんじょ》をしてお金を出していたということが分かったので、いろんな人が怒《おこ》って、「これはどういうことなんだ」と言っていると。

実は、今回開発されたコロナの継続研究に関して、アメリカ政府といいますか、前のオバマ政権が援助していた部分、これが本格的に表に出るとまずいので、「この件に関しては、これ以上触れたくない」というのがあるのではないですか。

バイデン守護霊　いやいや、それが、でも外交なんだよ。

まあ、確かに、オバマ政権の間に中国はグーッと大きく伸《の》びましたし、国内目標も、「二〇一〇年のGDPを二〇二〇年には倍増する」っていう目標を中国は立ててたから、貿易も大きくして、内需《ないじゅ》も大きくして、もちろん海外にもいっぱい出て、国を大きくしようとしてた。

それと、アメリカの不況がね、その前に始まってたからね。オバマさん登場のときに、もう二度目の大恐慌《だいきょうこう》が起きてたからね。アメリカもアメリカを救わなきゃいけないから、「中国が今成長しているときに、それと仲良くすることで共存共栄《きょうぞんきょうえい》できるといいな」という感じでやっていたわけだから。

まあ、たとえね、その中国が、そういう軍事兵器になりうるかもしれない研究をしてたとしても、アメリカと友好国であるかぎりは、別に何の問題もないわけだか

郵便はがき

料金受取人払郵便

赤坂局承認

7468

差出有効期間
2021年10月
31日まで
(切手不要)

1 0 7-8 7 9 0

112

東京都港区赤坂2丁目10−8
幸福の科学出版(株)
愛読者アンケート係 行

フリガナ お名前	男・女	歳
ご住所 〒 　都道府県		
お電話 ( ) −		
e-mail アドレス		
ご職業	①会社員 ②会社役員 ③経営者 ④公務員 ⑤教員・研究者 ⑥自営業 ⑦主婦 ⑧学生 ⑨パート・アルバイト ⑩他 ( )	
今後、弊社の新刊案内などをお送りしてもよろしいですか? (はい・いいえ)		

愛読者プレゼント☆アンケート

『バイデン守護霊の霊言』のご購読ありがとうございました。
今後の参考とさせていただきますので、下記の質問にお答えください。
抽選で幸福の科学出版の書籍・雑誌をプレゼント致します。
（発表は発送をもってかえさせていただきます）

1 本書をどのようにお知りになりましたか？

① 新聞広告を見て ［新聞名： ］
② ネット広告を見て［ウェブサイト名： ］
③ 書店で見て ④ ネット書店で見て ⑤ 幸福の科学出版のウェブサイト
⑥ 人に勧められて ⑦ 幸福の科学の小冊子 ⑧ 月刊「ザ・リバティ」
⑨ 月刊「アー・ユー・ハッピー？」 ⑩ ラジオ番組「天使のモーニングコール」
⑪ その他（ ）

2 本書をお読みになったご感想をお書きください。

3 今後読みたいテーマなどがありましたら、お書きください。

ご感想を匿名にて広告等に掲載させていただくことがございます。ご記入いただきました個人情報については、同意なく他の目的で使用することはございません。

ご協力ありがとうございました！

らね。

質問者A　外交通という、もっぱらの評判なのですが、そのなかには、こういう、米中のあまり表に出ていない深い部分をよくご存じなのかなというところがあります。

バイデン守護霊　うーん、まあ、それはそうだよ。知ってるよ。
だから、ちゃんとそういうことをね、中国に不利にはならないように……。ちゃんと息子《むすこ》のほうに応援もしてくれてるわけだからさ。だから、それはお互《たが》いが、まあ、日本みたいだけど、「お互い持ちつ持たれつ」なんだよ。

日本と中国に〝相撲《すもう》〟をさせて、アメリカは勝ったほうと組む？

質問者A　今後の展開を考える上でですが、対中関係のところでは、特に、習近平《しゅうきんぺい》さんと非常に懇意《こんい》にされています。（二〇一二年に）習近平さんが訪米されたときには、自《みず》らホストをされたり、あるいは、バイデンさんが副大統領時代に訪中したときには、やはり習近平さんが非常にもてなしたりしています。

この「習近平さんをどのように考えているのか」というところは、世界がいちばん注目しているところではないかと思います。そのあたりについてはいかがでしょうか。

バイデン守護霊　まあ、「偉大《いだい》な発展途上国のチャンピオン」だろうとは思うよ。うちらは先進国だから。「発展途上国のチャンピオン」としては、すごい力のある方なんじゃないかねえ。

でも、まあ、私の認識的には、アメリカは五十年は進んでるから、技術供与《きょうよ》、あるいは技術を盗《ぬす》まれることはあっても、向こうから盗むようなことは何もないんでねえ。だから、そういう、何て言うか、君らで言う〝横綱《よこづな》が胸を貸してるような状況〟ではあったんでねえ。だから、そんなに心配はしてなかった。

で、「日本と、両方牽制《けんせい》しながら競《きそ》わせる」っていうのが基本戦略だからね、中国と日本をね。

質問者Ａ　アメリカサイドとしては、中国も日本も、どちらがどちらというふうには、あまり思っていないと……。

バイデン守護霊　競わせつつ、アジアの他の国も、やっぱり経済発展させて。まあ、「単一国に覇権《はけん》を完全には取らせないようにバランスを取る」っていうのが基本なので。

だから、中国が強くなりすぎると、日本もちょっと底上げして、コンペさせる状況はあるからねえ。

質問者Ｂ　その点に関しましては、もう一つ貴重な本音発言を以前してくださいました。

実際、中国の軍事能力がさまざまな分野でアメリカにほぼ追いつきつつあるということは、国防総省系の一致《いっち》した意見なのですけれども、そうやって圧力が強くなった場合、場合によっては、やはり紛争《ふんそう》とか激突《げきとつ》というものが起きうるのですが、それについて、「米中戦争は起きてもいいけど、戦場は日本で止めたい」とおっしゃいました。これは私ではなくて、バイデン大統領守護霊の言葉です（『米大統領選バイデン候補とトランプ候補の守護霊インタビュー』参照）。

先ほど、日本と中国を天秤《てんびん》の上にかけてとはおっしゃりつつも、そういう状況になったら、ある種、日本のほうにいわゆる〝ダメージを振る〟といいますか、そういう、「アメリカ全体としての考え方もあるのだ」ということを、いみじくもおっしゃったのですが、この部分というのは、日本政府にとって非常に重要な点です。

バイデン守護霊　君のはなんか、ラテン語かなんかを聞いてるような言葉にしか、もう聞こえないんだが。日本語で聞いてて、ちょっと私、分かりにくくなってきたよ、文脈が。

質問者B　いやいや、それだけ流暢《りゅうちょう》な日本語をしゃべられるので、ぜひ日本語でお願いしたいのですが。

バイデン守護霊　ああ？　うーん。

質問者B　もし激突するんだったら、「戦場は日本で終わりにする」というふうにおっしゃったのですけれども。

バイデン守護霊　なんかよく聞き取れない日本語だな。まあ、よく聞き取れないから、半分ぐらいしか聞けないから、君らがCNNを観《み》てるようなものなんだろうけど。

質問者B　簡単に言うと、中国か日本か、どちらかを選ばなければいけなくなったら、いざとなったら最後は中国を取ると。

バイデン守護霊　いや、それは、両方で〝相撲《すもう》〟を取って、勝ったほうと組むから。

質問者B　両方に〝相撲〟をさせて……。

バイデン守護霊　もう平等に相撲して、アメリカは〝行司《ぎょうじ》〟をするから。どっちが勝ったか判定してやるから。

質問者B　日米同盟があるのですけれども、もうそれとは関係なく、両方に相撲をさせて、勝ったほうと組むと。

バイデン守護霊　日米同盟は「軍事同盟」で、米中は「経済同盟」を目指してるからねえ。まあ、交錯《こうさく》してるわけよ。

「中国に覇権《はけん》が取られるはずはない」という見立て

質問者Ａ　米中の関係を考えたときに、大川隆法総裁が見ておられる筋《すじ》としては、やはり、中国が覇権《はけん》を取るほうに、時間がかなり早まったのではないかということでした。

「二〇三五年ぐらいに米中逆転」というシナリオもありましたが、今年の二〇二一年には、そういうシナリオがいよいよ現実化するのかという見方もあるのですけれども。

バイデン守護霊　まあ、見方はいろいろあるけどさ。

リーマン・ショック以降、アメリカの影響も受けてさ、日本も厳しかったからね、二〇〇八年以降ね。ここから抜《ぬ》け出すのはけっこう厳しくて、政権が野党のほうに移ったりしたぐらいだからね。それで、中国頼みで日本もやっていたし。

まあ、アメリカも、やっぱり中国の富を一部抜かせてもらうっていうかたちで、不況から立ち直るために中国をオバマ時代に十分使わせていただいたんで。自分らの味方になる部分については利用するが、敵になるというなら、それはそれなりに考え方を改めなきゃいけないと思うけど。

まあ、中国の軍事力をそう過大評価するのは結構だけど、本当に強ければ……。そんな「生物兵器」なんかを今どき研究してるなんていうのは、弱小国がやることなんで。北朝鮮《きたちょうせん》なんかがやるべきことなんだよ、本来は。核戦争をやったら、撃《う》ってもいいけど、撃ち返されたらもう国が滅びるのは確実だからね。そういうところはやるべきだと思うけど。

（生物兵器は）どこがやったか分からないから。それこそ、北朝鮮がウィルス兵器を撒いて、「いや、うちはやってません！」って言い続けられたら、分からないもんね。だから、攻撃《こうげき》するのに大義名分《たいぎめいぶん》が立たないからさ。

だけど、（北朝鮮が）核ミサイルを一発でも撃ってきたら、「〝トランプさんの味方〟だ」っていうのでグアムにでも一発撃つっていうんだったら、それは、アメリカのほうは十発ぐらいまとめて撃ち返す。そしたら、もう終わりだわな、あっちはね。

だから、「生物兵器」っていうのは、私はそんなに進んだ兵器だと思ってはなかったんでね。

だって、グルッとこうやって回ってね……、だから、中国に死者が出てないっていうのがちょっと信じられないけど、世界中が、完全に孤立《こりつ》した日本の鎖国《さこく》時代みたいなときでないかぎり、これはもうブロックできないからね。

だから、うーん、まあ、何が言いたいかっていうと、まだ私がやってる間は、中国から抜くものは抜いて……。何て言うか、「覇権が取られるはずはない」というふうには見ているということだよね。

4　コロナ対策と環境《かんきょう》問題について訊《き》く

「コロナウィルスはトランプを追い返した〝福の神〟」という発想

質問者A　もう一つの大きなファクターとしては、コロナ問題の一つの〝効果〟として、景気にかなりマイナスになっている部分と、実際にこれから、バイデンさんやそのブレーンたちが構想している方向として、「トランポノミクス」の正反対で大増税をすると。そうすると大不況《だいふきょう》が来るのではないかというのが、まだ世界がはっきりとは認識していないところだと思いますが、そのあたりの自信のほどは……。

バイデン守護霊　いやあ、何言っててんだよ。コロナウィルスのおかげで、トランプが落ちてくれたんじゃないか。ありがたい。もうこれは〝福の神〟じゃないか。

質問者A　このあと、いったいどうなるのかということに関しては……。

バイデン守護霊　まあ、四十万人ぐらい亡《な》くなったけど（収録時点）、おかげでアメリカは〝幸福な未来〟がやって来たんじゃないか。〝あのキングコングを、南海《なんかい》の孤《こ》島《とう》に追い返すことができる〟ようになったわけだからさ。

質問者B　ロックダウンによって、経済成長率が年率でマイナス三十パーセントを超《こ》えました。これも大恐慌《だいきょうこう》以来なのですけれども、これが〝幸福な未来〟ということですか。

バイデン守護霊　あのねえ、それはね、もうひとえに、トランプの頭が悪いということが原因なんですよ。だから、ニューヨークの知事は民主党でしたから、「ロックダウンが必要だ！」と言ってたのに、トランプが「そんなの勝手にやっとけよ。自分らで何かやっといてくれ。国のレベルの問題じゃない」みたいなことを、ウィルスについて言って。あれはトランプの責任だよ、完全に。

だから、一生懸命《いっしょうけんめい》訴《うった》えてるのに、「自治でやれ」「州の自治でやれ」って、「そんな（国の）レベルではない」ってきかなかったからね。国レベルで対応しようとしなかった。それで何カ月もかかった。その間《あいだ》、自信満々で私に勝ってると思うて、〝遊泳〟しとった。

まあ、この、何て言うか、プライド？　〝プライド責任〟があると思うよ。〝盲目《もうもく》責任〟でもあるけど。「経済にプラスにならないことはしない」っていうこと、「経費だけかかるようなことはしない」っていうことだから。これは政治を理解してないっていうことだ。

政治っていうのは、もう基本的には非営利事業なんで、営利事業じゃないんだっていうことを、彼は四年間でまったく理解しなかったっていうことだ。

バイデン氏守護霊が考えるコロナ対策は「マスクと消毒とワクチン」

質問者C　そうしますと、今、ワクチンをどんどん製造しておりますけれども……。

バイデン守護霊　まあ、それはちょっと儲《もう》かるからいいよ。

質問者C　そして、ワクチンの接種を進めていますが、もし、ワクチンが想定どおりに効かなくて、コロナウィルスの変異種の発生等で感染《かんせん》が広がるとなった場合、新政権では、再びロックダウンをすることになるのでしょうか。

バイデン守護霊　うーん……。まあ、とりあえずね、科学的とまでは言えるかどうかは知らんけども、「マスク」と「消毒」と、それと「ワクチン」、これで乗り切れるかどうかは、これから実験のところだけど。
トランプさんは、とにかく後手後手《ごてごて》に回ってたからねえ。だから、これを実験してみて、どうなるかを見るけど、（トランプさんは）何にもしなかった、無為無策《むいむさく》だったからねえ。これはねえ、撃《う》ち落とされてもしょうがないんじゃないかなあ。

質問者C　ただ、トランプ大統領のときに、ワクチン開発自体は非常に早く進められました。それについては、地上のバイデン大統領がワクチンを接種されたときにも、トランプ政権の功績を認めておられたと思いますが。

バイデン守護霊　だから、製薬会社がトランプさんの味方でなかったからね。実は、ワクチンはもう完成が近かったのに、トランプさんは私が言ったような……。まあ、「一億人（回）分を百日間で打つ」とか、私は言っているけれども、これを彼も言いたかったのに、製薬会社のほうが「まだできてません」みたいな感じで。トランプを落としたいからね、「できてない」みたいなことを言って。選挙が終わってバイデンが勝利となったら、「ワクチンができてる」っていう話に、急に変わったからね。だから、まあ、民意なんだよ、〝彼を消す〟ことが。しかたないよ。だから、最も消毒しなきゃいけないのはトランプ自身なんだよ。うん。

二百兆円規模のコロナ対策の財源は「富裕《ふゆう》層や大企業《だいきぎょう》への大増税」

質問者Ｂ　製薬会社絡《がら》みのところは、別途《べっと》置いておくとしまして、少し話を元に戻《もど》します。

今のお話で、要するに、バイデン政権になった場合には、いわゆるブルー・ステイト、民主党系の知事のところを中心にして、またぞろかなりのロックダウン不況、大不況がやって来るという感じがよく分かったのですが。

バイデン守護霊　なんで分かるの。まだ不況になってないよ。

質問者Ｂ　いえいえ。もう、そういう未来が……。

バイデン守護霊　〝二百兆円対策〟を出してるんだよ、もう。就任前から。

質問者B　ええ。なぜそれが問題かといいますと、それはファイナンス（資金調達）しなければいけませんので、やはり、大増税とセットになっているわけです。それで、かなりの……。

バイデン守護霊　いいんじゃない？

質問者B　その「いい」という一言《ひとこと》をお聞きしたかったのですが。

バイデン守護霊　だって、九十九パーセントの富をね、ただ、もう本当にごく一部の人が持ってるんだからさあ。（質問者Cを指して）君が勤めてたような会社の人たちがみな、もうガサガサ持つの、これをやっぱり〝抜《ぬ》かなきゃいけない〟よな。金はあるんだ。〝抜けばいい〟んだよ。あと、困ってる人に撒《ま》けばいい。それこそ、イエス・キリストの本心だよ。な？

質問者B　バイデン大統領、それは選挙運動用に、大衆といいますか、左系の方々の票を頂くために、それをアピールするというのは、戦術的に分かるのですけれども、一つの哲学《てつがく》として、合衆国大統領の考え方として、今おっしゃったとおり、「九十九パーセントの富を持っている人から富を取って、それをばら撒けば、基本的に問題解決するのだ」という哲学を、考え方として持っているということでございますか。

バイデン守護霊　いやいや。九十九パーセントの富を二十パーセントぐらいの人が持ってるかなあ。いや、まあ、ちょっと正確には分からんけどね、うん。それで、おそらく一パーセントの人が八割ぐらい、七、八割は持ってるんじゃないかなあ。まあ、正確には分からんけどさ。ウォールストリート絡みの人たちが持ってるから、ほとんどな。

これはねえ、だから、何て言うか、損得で計算すればね、それはメキシコから来た移民でさ、ろくに働いてもない人たちが貧民街《ひんみんがい》に近い所に住んでたら、こんなやつはワクチンを打つ金もない。ねえ？　で、「放《ほ》っとけ」と、「死んだらいいんだ」っていう、これは損得上、考えはそうだよ。トランプ的に言えばね。
でも、そういうのに関係なく、みんなにワクチンを打とうとしてる。そのお金はどこから出てくるかっていったら、それは金が余ってタフタフしてる人たち、「そんなに持つ必要ないだろうが」っていう、そういう人たちから頂くのは当たり前のことじゃないか。

「トランプ・タワーが売り飛ばされるところまでやる」?

質問者B　そうしますと、いちおう公約に掲《かか》げておられます、「富裕《ふゆう》層への大増税」ですね。それから……。

バイデン守護霊　うん。当たり前だ、それは当たり前だ。もうイエス・キリストも、それは〝太鼓判《たいこばん》〟を押《お》してるぐらい。

質問者B　これは当たり前でされると。

バイデン守護霊　〝太鼓判〟なんだよ。

質問者B　ええ、それは当たり前でやると。それから、「大企業増税《だいきぎょう》」も今、プランされているのですけれども、これは公約ないしはそれ以上に、当たり前のようにやるということでございますね。

バイデン守護霊　「トランプ・タワーを売り飛ばす」ところまでは絶対やらせるから。

質問者B　やらせると。

バイデン守護霊　うーん。あれは売り飛ばす。もうニューヨークの象徴《しょうちょう》としては要《い》らない。

質問者B　これはちょっと、アメリカ系のエコノミストの人たちによく流布《るふ》しなければいけない話かと思います。

バイデン守護霊　トランプ・タワーを売り払《はら》って、借金を彼が払わなきゃいけないようなところまではやる。うん。

質問者C　富を抜き出して、その二百兆円の対策をするとして、バイデン大統領は、「今後、コロナ感染は、ワクチンが広がればもう収まる」と見ていらっしゃるということでしょうか。

バイデン守護霊　うん、もちろん。だから、マスクをかけさせていれば、もうちょっと止まったんだよね。「世界一の感染率」っていうのは、これは先進国としては恥《は》ずべきことだよ、うん。

日本にも迷惑《めいわく》をかけた。オリンピックをできないようにしてしまった。ねえ？

質問者C　では、それが収まらなかった場合のシミュレーションは特にされていないということなのでしょうか。

バイデン守護霊　収まらなかった場合は、今、訴訟《そしょう》がいっぱい起きてるから、中国から金を払ってもらうしかないな、うん。

「グリーン投資が大不況《だいふきょう》の原因になるとは思わない」との見通し

質問者A　経済対策に関しては、もう一つの大きな要素として、環境《かんきょう》関係があります。就任初日から「パリ協定に復帰する」ことを宣言しています。トランプさんが支援《しえん》していたシェール開発も、クローズしていくということで。

バイデン守護霊　いや、〝無駄《むだ》な仕事〟だよな。そんなね、二千メートルも掘《ほ》ってさ、横穴掘ってさ、それで、オイル、ガスを採取するっていうの、すごいコスト、高コストの仕事なんだけど、まあ、「雇用《こよう》を生み出す」ということで彼はやってたけど、それはもう時代遅《おく》れの発想なんだよな。

質問者A　日本でも、菅《すが》総理がこちらのほうにシフトする方向性を出していて、世界的にこの流れが流行しているのですが。

バイデン守護霊　何、「環境問題」を言ってるの？

質問者A　ええ。「グリーン投資」とか……。

バイデン守護霊　まあ、しょうがないんじゃない？　みんな言ってるんだから。そういうのは反すると、もうマスコミが応援してくれなくなって「落ちる」ようになってるから、政治家としてはマスコミに責任を取らすしかないので、あとは。

質問者Ａ　ただ、これが次の大不況《だいふきょう》、世界不況の大きな原因になるということが言われております。

バイデン守護霊　でも、新規な技術をいっぱいつくらないといけないから。その意味での新規事業ができるから、上手にやれば、好況にもなるかもしれないからね。みんなでシフトしなきゃいけなくなるからさ。

でも、日本だって、何十年か前は公害でね、工場があって、工場の廃水《はいすい》を垂れ流しにして、魚がいっぱい死んだり、骨が曲がったり、人間もイタイイタイ病だの何だ、いっぱい病気を起こした。それは企業のほうはね、コストをかけたら損するからさ、かけないで垂れ流してた。

これ、中国が今、同じ状態になってるわけで、飲み水に使えないような川の水になってる。やっぱり、このために費用を使うのは、それはやらせなきゃいけないことなんだよな。

だから、そういう意味で「環境問題」も、やっぱり生き残るため、企業が将来的に生き残るためには、「人に優《やさ》しくなければ、企業は生き残れないんだ」っていうことを、それは肝《きも》に銘《めい》ずべきで、私の言葉に賛同する人は七、八割はいると思うよ。うん。

質問者A　グレタさんに象徴されますけれども、これが世界の先進国の経済を止めるための〝陰謀《いんぼう》〟になっているということに関しての認識は……。

バイデン守護霊　いや、そんなことはないですよ。あんな若い人だから、純粋《じゅんすい》に自分らに「未来を残してくれ」と言っているんでしょうから。

質問者B　まあ、その陰謀の議論の前に、少なくとも、「今の、原子力はなし。でも、石油と石炭は使わずに、なんと、風力と太陽光だけに頼《たよ》る」という、この技術開発の見通しがまったくもって甘《あま》いということに関しては、特段、見識は持っておられないのはよく分かりましたので、これから、アメリカ国内に関してはかなり危機的状況になるかなという感じは、少し見えてくるかと思います。

5　アジアの平和と正義の価値判断について

「香港《ホンコン》がいずれ中国に呑《の》み込《こ》まれるのは当然」という見解

質問者B　今日のこのインタビューは、ある意味では全世界が注目している内容になるかと思いますので、ちょっと「アメリカ国内の経済問題」等から、再び「外交」のほうに戻《もど》りたいのですけれども、まず一点目として、特に日本も含《ふく》めて世界中の人が関心を持っているのが、おそらく「香港《ホンコン》」の状況《じょうきょう》に関して……。

バイデン守護霊　香港？

質問者B　ええ。新大統領はどうされるつもりなのか。「大統領がどうもバイデン氏に替《か》わるらしい」と決まったとたんに、タタタタタタッとすごい勢いの逮《たい》捕《ほ》が始まって、今や「風前《ふうぜん》の灯《ともしび》」という言葉すら消えてかかるような状況に、香港の人権と民主主義の状況は陥《おちい》っているのですが、このことに関してはどう対処される予定でしょうか。

バイデン守護霊　まあ、でも、「物事の大小」を見極《みきわ》めることが大事だよな。だから、「香港の七百万の人たちが今までどおりの生活をできることのために、十四億人を袋叩《ふくろだた》きにするっていうのが政治的に正しいと思うか」、「それでも、いずれもう中国に呑《の》み込《こ》まれるのは当然なんだから、できるだけスムーズにいくように、話し合って上手にやりなさいっていうふうに勧告《かんこく》するのがよろしいか」っていう選《せん》択肢《たくし》だと思うんだけど。

まあ、この前のアメリカの何、ワシントンの議会占拠《せんきょ》の暴徒が上がってきたのを見たらね、いや、それは香港の民衆の暴動みたいなのは、それは弾圧《だんあつ》したくなるのはよく分かるよ。あんな感じなんじゃないかなあ。

質問者Ｂ　そうしますと、アメリカ民主党は「人権外交」がいちおうは表看板ではあったのですけれども、今、香港では大弾圧がもう時間の問題で迫《せま》っていますので、そういう状況になったときに、今のお話ですと、事実上、目をつぶると。

バイデン守護霊　うん。いやねえ……。

質問者Ｂ　「大」との経済取引のために、「小」に関しては潰《つぶ》れるのを目をつぶるという判断だという。

バイデン守護霊　日本にとっては〝チャンス〟なんだよ。だから、ニューヨーク、ロンドンに次ぐ金融市場《きんゆうしじょう》だった香港がね、もう習近平《しゅうきんぺい》の経済音痴《おんち》のせいで国際金融都市としては機能しなくなろうとして、みんな脱出《だっしゅつ》を図《はか》ろうとしてるぐらいだから。

だから、東京がこれを奪《うば》えば、日本はもう一回繁栄《はんえい》を取り戻すことができる。〝チャンス〟なんだから。〝チャンスをあげてる〟んだから食いつけよ、ちゃんと。

質問者B　ええ。その話は、また別途《べっと》考えます。

ウイグルのジェノサイドについては「圧力を加えるだけで十分」？

質問者B　今、その香港の延長で、いわゆる中国のメインランド（本土）のなかでも、ウイグルや南モンゴルやチベット等で、同じような問題が起きています。

特にウイグルについては、アメリカでも新政権に引き継《つ》ぐに当たって、「あれはジェノサイド（集団殺戮《さつりく》）である」というポンペオの発言に対して、新しい国務長官が「私もそれに賛同する」と、昨日《きのう》、議会証言をされていました。

バイデン大統領が指名した新しい国務長官は、「その方針で行く」と、少なくとも公《おおやけ》にはおっしゃったのですが、今、ウイグルでジェノサイドといいますか、かなりそれに近い状況が進んでおります。そのことに関しては、どう対処されるおつもりでしょうか。

バイデン守護霊　いや、中国だって、毛沢東《もうたくとう》時代に大粛清《だいしゅくせい》があったことは、それは分かってはいるよ。何千万から何億人、一億、二億、大粛清された。「だから、発祥《はっしょう》時にそうしたジェノサイドがあったから、今の中国共産党政権は認めない」というわけには、今いかないんだよ。

同じくソ連だって、レーニン、スターリン下で大粛清がもしかしたらあったかもしれないけれども、それが分かったからといって「今のロシアと付き合わない」っていうわけにはいかないんだよ。

同じように、そういう時期はあることもあるんだけど、アメリカだって、それは奴隷《どれい》をいっぱいねえ、アフリカから買い付けて労働力にしたなんていうのは、これは同じような……、まあ、ジェノサイドではないかもしれないけど、そうとうひどいことはやったわけだから、アフリカに対して。

アフリカがねえ、みんな訴訟《そしょう》を打ってねえ、「アメリカは何百年の罪を拭《ぬぐ》え」とか言って打ってこられたら、本当は韓国《かんこく》みたいな言い方をすれば、払《はら》わなきゃいけないかもしれないものだけど、みんな先進国はそういうことは起きてるからさあ。

まあ、もう一回ねえ、「フロム・スクラッチ」よ。ね？　だから、ゼロから考え直さないといかん、うん。

質問者B　そうしますと、要は、「ウイグルのジェノサイドに関してはやむをえない」と、そういう結論でございますね、今のは。

バイデン守護霊　いや、圧力がかかってるから、一生懸命《いっしょうけんめい》、今、中国も粉飾《ふんしょく》には入ってるよ。ね？　だから、「いやあ、そうじゃなくて、それは教育しているんだ。再教育をしているだけであって、中国の、例えば法制度や言語とか、そういうものを教えているだけであって、自宅から通っている人だっているんだ」と、まあ、そのようなことを言ってるわけだから。

それは国際的にも見られて、ＷＨＯがやっと一年後に、なあ？　武漢《ぶかん》に入ったようにね、いずれ調査が来るのは分かってるから、それまでにつじつまを合わさなきゃいけないという動きはするだろうから。圧力を加えるだけで十分変わってはいくだろうとは思うんだよ。

だから、それを原因にして、また、「トランプ的には、もう戦争の種にするか、根こそぎ中国の経済をぶっ潰すか」みたいな感じの乱暴なことはするべきではない。

これは、大新聞等はみんな応援《おうえん》してくれる考えだ。

「中国の自治区の問題は内政なので、一定以上、関与《かんよ》できない」？

質問者B　一言《ひとこと》、世界の世論《よろん》ということで代弁しておきますと、そのジェノサイドの規模が十万とか二十万ぐらいであればあれなのですけれども、数十万とか百万の単位になり始めますと、これはだんだんヒットラーに比肩《ひけん》し始めますので、「それではちょっと済まなくなる議論になるのではないですか」と、世界中が警鐘《けいしょう》を鳴らしています。

それに関しては、ぜひ大統領としてコメントしていただければと思います。

バイデン守護霊　うん、でも、「もう一つの考え方」も中国が持っているわけだから。

例えば、チベット自治区に関しては、ダライ・ラマの、もう本当に政治力が低すぎて、みんなが食うものも食えず、貧しくいたところ、中国が進出することによって、新幹線みたいなのがチベットまで通って、「新しい職業」ができて、みんな、文化もレベルが上がって、古い迷信《めいしん》を捨てて、「新しい未来型の産業」に就《つ》こうとする人たちが出てると。

ウイグルの人たちも、「昔、万里《ばんり》の長城《ちょうじょう》を越《こ》えて中国を攻撃《こうげき》した罪を許してやるから、仲間に入れ」と、彼らは呼びかけていると。

アメリカがインディアンたちを懐柔《かいじゅう》したのと同じようなことが、起きてはいるわけだから。インディアンだって、ジェノサイドされてはいるけどね。ただ、「アメリカ化」すれば生き残れるし、しなかったら、それは滅《ほろ》びることもあるけど。歴史的にはそういうことが断面としては起きることもあるけれども、世界の目があるから、多少なりとも、それはソフトランディングできるようにはしていかないといかんと思う。

まあ、「人権外交」というのは、いちおう民主党の標語だから、いちおう、それはやりますけれどもね。戦争してまで、それを助けなきゃいけない理由はない。ウイグル人にいったい何ができるんだ。世界に対してどんな影響《えいきょう》が与《あた》えられるんだ。「助けてくれ」と言っとるだけだろうが。

でも、そのウイグルのために、中国はそうとうの投資をしてるはずだから。それから入植も進んでるから、漢《かん》民族の。彼らはどうするんだっていうことだよね。今度は彼らが難民になるんだからな、追い出されたら。

だから、そこもあるから、やっぱり内政は内政なんで、一定以上、外国が関与《かんよ》できないものもあるからね。自治は自治でやってもらわなければ。

それは例えば、アメリカ国内で共和党と民主党が、選挙の結果をめぐって内戦みたいのが起きてると。これに乗じて外国が出兵して、アメリカに混乱を起こしてやろうかと言ったら、それはやっぱり許すわけではないからね。同じことはほかの国にも言えるということだよ、うん。

台湾《たいわん》防衛についての基本的な考えを訊《き》く

質問者B　では、次にテーマを「台湾《たいわん》」のほうへ、その文脈で移したいのですが。

バイデン守護霊　ああ、うん、うん、うん。

質問者B　バイデン政権に替わることによって、台湾のところも、人民解放軍の動きが、やや秒読みに入るような雰囲気《ふんいき》が出始めてはおります。

それで、ずばりお訊《き》きするのですけれども、バイデン大統領は台湾を防衛されますか。

バイデン守護霊　私が選挙で勝ったということで、蔡英文《さいえいぶん》の支持率が急速に今落ちてきているということだよな、現実はなあ。だから、トランプ政権なら強気で、いくらでも武器も供与してくれるし、場合によっては防衛に参加してくれるということだったけど、私が勝ったとたんに蔡英文の支持率が落ちてきている。
ということは、「強気でやったら中国に負けるかもしれない」ということが出てきてるということだよな。だから、トランプ時代に武器とかの売却《ばいきゃく》計画をいっぱいつくったけれども、見直しが入るかもしれないということだよなあ、うーん。

質問者B　今のその「見直し」の言葉の主語は、どなたなのでしょうか。蔡英文総統なのでしょうか、それともバイデン大統領なのでしょうか。

バイデン守護霊　もちろん「アメリカの側」ですねえ。

質問者B　つまり、武器の売却その他に関しては……。

バイデン守護霊　「売る」ことにはなってたけれども、「やめる」というようなことはあるかもしらんな。

質問者B　そうですか。あっ、もう……。

バイデン守護霊　だって、圧力をかければ、それはそういうことになりますわね。

質問者B　あっ、これは、今回のわりと大きなコメントの一つであったかと思います。

質問者A　その圧力というのは、その意図としてはどういう方向を見ているのですか。

バイデン守護霊　いや、どうせ中国に吸収されるんだから。

質問者A　ああ、なるほど。

バイデン守護霊　そんなものは、いたずらに死者を出すべきではない。平和的に移行したらいい。

質問者A　そうしますと、日本のことも……。

バイデン守護霊　馬英九《ばえいきゅう》のときに、だから、北京語《ペキンご》に全部変えたんだろう？　うーん。で、「台湾省」になるつもりで準備してたんだろう？　それでもいいんだから、半分はね。

だから、トランプが後押《あとお》しするっていうから、強硬派《きょうこう》が出てきて中国と対決しようとしてるけど、あんな小さな国が勝てるわけないじゃないか。だから、アメリカが代わりに戦う以外にないんだから、そんなこと、アメリカ人は、アメリカの母親たちは賛成しませんよ。

だから、それは吸収されたらいいんだよ、平和的に。

質問者B　これは、けっこう重大なご発言でございまして。

バイデン守護霊　ああ、そうですか？

質問者B　ええ。けっこう重大、重大なご発言で……。

バイデン守護霊　だって、「十四億人 対 香港の七百万人」「十四億 対 台湾の二千万ちょっと」？　これはもう市ぐらいのレベルなんだから、もうそれは入ったらいいんだ、一省にしたら。

質問者B　今回のこの発言はかなり世界に影響を与えまして、いろいろな反作用がこれから……。

バイデン守護霊　これに対応するためにね、だから、もうイランとかイラクの石油に頼《たよ》らなくてもいける産業構造に変えようと今してるわけだよ。

だから、CO_2を出さない産業にしたら、もう産油国の力が落ちるんですよ、経済パワーが。だから、「産油国がタンカーで来るから、あそこらへんを護《まも》らなきゃいけない」って言うんだけど、「もう油は要《い》りませんというふうにすればどうなるか」っていうと、まあ、台湾はどっちでもいいんだよ。

「全体主義と民主主義の戦い」についての価値判断を問う

質問者Ａ　今、馬英九時代のお話をちょっと出されましたけれども、それは要するに、オバマ時代からそういう流れが方向として、米中である種の「密約」が……。

バイデン守護霊　だって、もう勝てるわけないじゃない。もう大小を見たら分かってるじゃない。だから、二千万人が反乱したって勝てないっていうのは分かってるじゃない。長引けば長引くほど死者が増えるから。それから、もう強制的な攻撃になるに決まってるから。沖縄《おきなわ》戦みたいになるよ、うーん。

質問者B　今、お訊きしているのは、「価値判断の問題」としてどうなのか。正義として、あるいは人権として、あるいは……。

バイデン守護霊　だって、日本だってまったく、かつての植民地にしてたのは日本なんだから。イギリスみたいに。「難民を引き受ける」ってね、今言ってるけどさ。「あちらの香港から逃《に》げてくる人は、イギリスは引き受ける」とか言ってるけどさ。かつての植民地にしてたのは日本なんだからさあ。「台湾がもしものときには日本が引き受ける」っていうぐらい言うならね、それは言ってもいいけど。

質問者B　ええ。それは別途、検討されるべきだと思いますが。

バイデン守護霊　うん。する気ないだろう。

質問者B　今お訊きしているのは、要するに、「全体主義と民主主義の戦い」が台湾関係で起きているわけなのですけれども、それに関する「正義の観点からの価値判断」についてのコメントをお聞きしたいのですが。

バイデン守護霊　いやあね、全体主義も民主主義もねえ、そうした戦争に負けたらねえ、「どっちが正義か」っていったって、「負けたら終わり」なんだよ。

だから、先の大戦は民主主義が全体主義に勝ったような言い方もしてるけれども、実際は交錯《こうさく》してるのは、あんたがたもご存じのとおりですよ。

だから、ソ連との戦いがまた激しく始まって、まさか助けた毛沢東のほうの中国が、またこんなのになってくるとは思わなかったように、歴史的には予想できないものですよ。

アメリカも、それは「全体主義との戦い」は迎《むか》えるかもしれないけれども、でも、民主主義の国だと思ってたら大間違《おおまちが》いで、トランプの四年間でもう民主主義の国でなくなろうとしてたんだから。「ヒットラーはトランプだ」って、もうみんな、アメリカのマスコミはみんなそう思ってるんで。ヒットラーはアメリカにいるんであって、別に中国にいるわけじゃないと。うん。

トランプ氏を〝狂人《きょうじん》〟と言うバイデン氏守護霊

質問者A　習近平とトランプと、どちらがヒットラーに……。

バイデン守護霊　それはトランプのほうが危ないでしょう。

質問者A　なるほど。

バイデン守護霊　あれはほんと〝キチガイ〟だからさあ。ボタンを押したら、アメリカの場合は、もう本当に〝飛ぶ〟からさあ。習近平はそれだけはできないと思うよ。やっぱり失脚《しっきゃく》する場合があるからねえ、いちおう。トランプはやるかもしれないから、ボタン。

今は、だから、もう早く……、もうあと何時間かだけども、トランプはもうフロリダへ行ってさあ、核《かく》のボタンを持ったままフロリダに逃げとるからさ、あれを〝無効〟にしなきゃ。早く〝無効〟にして新しいやつに変えなきゃいけないので。その間に、もし、万一《まんいつ》、何かされちゃいけないから、早く〝無効〟に。

もう本当は、就任式の前にあれを〝無効〟にしなきゃいけないんだけどね、引き継ぎがないからねえ、何にも。

質問者Ｂ　おおむね、今から十三時間後に、そのスイッチがされることになっていますが。

バイデン守護霊　危なかったよ。〝狂人《きょうじん》〟にねえ、アメリカを支配されたら、もうヒットラー以上よ。ヒットラーは核兵器は持っていなかったからねえ、まだねえ。

質問者Ｂ　ちょっと確認ですけれども、要するに、「全体主義という観点で見たときに、習近平よりもトランプのほうが危ない」と。「トランプに比べれば、習近平はかわいいもんだ」ということでしょうか。

バイデン守護霊　だって、「民主主義の本家」と言いながらさあ、議会の補欠選でね、二人、民主党が取ったらさあ、もう議会で対等になって、「民主党が有利。議長を持っているから有利」ってなったら、いやあ、民衆に、モブにねえ、「モブたちよ、議会を占拠せよ」っていうので、もうなんか、これはすごいよ。いやあ、もう独裁者だよ。

質問者B　大統領は、いちおう就任式では、いわゆる「分断の統合」ということをテーマとしてお話をしたいというふうに、事前にブリーフィングが出ているのですけれども。今日の、今のご発言の内容もアメリカには翻訳《ほんやく》されて出ますので。

いちおう、アメリカの選挙民の約半分は、トランプに投票された方なわけですね。

バイデン守護霊　いや、もうね、先日の調査で、トランプ支持はねえ、もう二十九パーセントって出てたんですよ。もう、もっと落ちてると思う、今はな。今はもう、たぶん二十パーセントぐらいまで落ちてるから。

質問者Ｂ　ええ、まあ、そういうのもありましたけれども、そうでないのもありましたので。

ちょっとお願いといいますか、あれなのは、再び国を統合させたいということであれば、少なくとも歴代大統領がされてきたように、ぜひ、トランプ大統領に投票された七千四百万人の民意は、やはり汲《く》み取りつつ、配慮《はいりょ》しつつやるのが、これが民主主義の本道であるかと思いますので。

バイデン守護霊　いや、もうアメリカの歴史が始まって以来のね、〝カルト大統領〟だったんだよ。だから、みんな、それに洗脳されかかって危《あや》ういところだったんだよ、もうちょっとで。

とにかく、今はね、アメリカはもう分断をやめて、まずは、アメリカのコロナに罹《かか》って死んでいく人たちを救済することが、今年の第一目標なので。その間に、外国との戦争を始めるなんてバカなことをやる大統領であってはならないので。そこを、「外交」は上手に、やっぱり、方向性を示しつつも上手に上手に舵取《かじと》りして、「国内問題」をまず処理する。

質問者B　それが、要するに基本スタンスだということですね。

バイデン守護霊　ああ、そうそうそう。

だから、トランプのままだったら、本当に二月、三月には、もう中国と開戦してなければいけない可能性があるんだから。

だから、「台湾を脅《おど》した」「香港を脅した」というだけで、それで軍艦《ぐんかん》を送って戦うというんだったら、それはそうなるから。

いや、軍部はそのどっちでもいける「和戦両様《わせんりょうよう》の構え」を今取ってるけど、大統領が替わったので、私が何を指示、発信するかを、今見てるからね。

尖閣《せんかく》問題や憲法改正は、「日本の責任」という考え

質問者A　日米関係についてもお伺《うかが》いしたいのですが、今、注目されているところでは、安倍《あべ》政権の最後には、「敵基地攻撃能力」という話も出ていました。

バイデン守護霊　まあ、できもせんことを、もう言わんことだな、うん。

質問者A　尖閣《せんかく》の問題でも、ずっと中国の公船が入ってくると。

バイデン守護霊　ああ、尖閣は、（中国に）もうやりなさい、もう。どうせ勝てないから。

質問者A　日本の政権や自衛隊に対して、どういうふうに思っているかというところはありますか。

バイデン守護霊　日本人自身の自覚の問題ですよ。マッカーサーがもう「再武装していい」って言ってるのにしなかったのは日本なんだから、その責任は自分で取れよ。だから、やればいいいんだから。民主主義なので民衆で決めればいいのに、投票はさせてもらえないし、野党は必ずそのときには勝つんだから。日本人はそれを望んでるんだから。

そんな国がねえ、尖閣みたいな人が住んでいない所？　中国が乗っ取ったら旗を立てて、もしかしたら住むかもしれないけども、そして、南沙《なんさ》諸島みたいな基地に変えるかもしれないけど、何もできやしないよ。それは日本人の責任だよ。アメリカ人の責任じゃないぞ。

質問者A　そうすると、日本人が憲法改正するという方向に関しては、別に、特に反対するわけではないということでしょうか。

バイデン守護霊　自分でやれよ。だから、自治だよ。日本みたいな〝ちっぽけな国〟、どうでもいいんだよ、こちらは、本当に。
　カリフォルニアと同じぐらいの面積しかないところに、一億二千万住んどるのかもしれないけど、君らがオーストラリアに逃げていこうがどうしようが、知ったこっちゃねえって言っているんだ、もう。アメリカの大統領にとっては、そんなものは。

質問者B　分かりました。本心が分かりましたので。

バイデン守護霊　元は、こっちも植民地なんだからさあ。こっちも〝ウイグル〟なんだよ、言っとくけど。もうだんだん腹が立ってきたから、もう言うけども。

6　バイデン氏守護霊の世界構想を訊《き》く

イラン・イスラエル問題へのスタンスについて

質問者B　あともう一点、残されている論点があります。幸福の科学の大川隆法総裁には「ワールド・ティーチャー」という視点があります。

バイデン守護霊　ああ、知らんなあ。

質問者B　その観点から、ちょっと、全世界の人々のためにお訊《き》きしておかなければいけないことが一点あるのですけれども、政権交代に伴《ともな》って、世界中が「どうするんだろう」と固唾《かたず》を吞《の》んで見守っているのが、バイデン新政権のイランに対するスタンスなんですね。ここはどうされるおつもりなのでしょうか。

バイデン守護霊　いや、イランは喜んどるだろう？

質問者B　これは、ボタンのかけ方を一個間違《まちが》えると、イスラエルが絡《から》んできて、かなり危険な状況《じょうきょう》になりうることを心配しているのですけれども。

それに関しては、どうも先送り先送りで判断を出さないようにしているのか、それとも、あっさり、またオバマ時代に戻《もど》してしまうのか。いったいどうするつもりなんだと。

これは意外と、けっこうみんな見ているのですが、いかがでしょうか。

バイデン守護霊　「いやあ、よくなった」と、〝バイデン様様《さまさま》〟なんじゃないかなあ。イランはねえ、〝アッラーのおかげで、もうトランプが落ちてくれた〟っていうので、もう感謝してるから。イランは、意外に君たちに対する、何て言うか、本当に支持はずっと、まあ……。

「やっぱり、幸福の科学と縁《えん》を持ったら、（手を二回叩《たた》く）アッラーの神は味方してくれてトランプは落ちてくれた。そして、イスラエルの独裁者は、今うごめいてるけど、いずれ、これは退治されるに違いない」と。

トランプの娘《むすめ》夫妻か？　が、ユダヤ人になったから、それで勝手なことをイスラエルがやりまくってるのを、これで粉砕《ふんさい》できるからさあ。これでアラブの平和がやって来る。もうすべてがよくなっとるんだよ。

質問者B　多くの人が懸念《けねん》しているのが、その場合は、たぶん間違いなくイスラエルのネタニヤフが暴走するだろうと。

バイデン守護霊　ネタニヤフは、もう殺さなきゃいかん。あれは〝ヒットラー〟だから。あれも、ちっちゃいけど。

質問者B　あの、合衆国大統領のご発言ですので、ちょっとあれなんですが（苦笑）。

バイデン守護霊　いや、ひねり潰《つぶ》すべきだよ。トランプの根元を断《た》つためにもな。

質問者B　ええ。それが本心だということは分かりましたけれども、実際、そうやってイラン側に寄った場合には、たぶん、いろいろな武器をイスラエルは自分で持っていますので、暴走することをみんな懸念していて。

その場合は、下手《へた》をすると、限定的な核《かく》戦争であるとか何かの〝発火点〟になりうるということを非常に懸念しているのですが。

バイデン守護霊　まあ、「武器」といったって、またアメリカから流れてるのがほとんどだから。台湾《たいわん》と一緒《いっしょ》だよ。アメリカのほうから止めてしまえば、もう継戦《けいせん》能力はすぐなくなるから。

質問者B　では、イランに寄った場合に、ちょっとイスラエルが動くかもしれないけれども、それに関しては、特に、ノーアイデアであるということでしょうか。

バイデン守護霊　まあ、それはもうアラブで話し合って決めてくれよ。知ったことじゃないよ。

質問者B　知ったことじゃない。

バイデン守護霊　うん。もういつも戦争をやってるんだから、知らないよ、もうこんなの。

質問者C　では、中東情勢が泥沼《どろぬま》化してしまった場合は……。

バイデン守護霊　ああ、だって、正義なんかどっちにもないもの、どう見たって。

質問者C　もう、アメリカ軍は派遣《はけん》しないということなのでしょうか。

バイデン守護霊　うん？

質問者C　中東が混沌《こんとん》として戦争が起きた場合に、アメリカのほうからは関与《かんよ》しないのでしょうか？

バイデン守護霊　まあ、ヨーロッパのほうが近いんだから、ヨーロッパで決めろよ、そんなの。欧州《おうしゅう》連合で。

質問者B　あっ、「ヨーロッパで決めろ」という、そういうスタンスですね。

バイデン守護霊　うん。欧州連合で決めろよ、どうするか。どっちが有利か。イスラエルを護《まも》りたいか、魂《たましい》の先祖だと思ってイスラエルを護りたいか。それとも産油国を護りたいか。
だから、グレタさんが〝英雄《えいゆう》〟になるわけよ。〝油がなくてもいける世界〟になったら、もうこんなもの、一つの、何て言うか、揺《ゆ》さぶる材料はなくなるからね。
質問者B　イラン・イスラエル問題はヨーロッパで決めろと。アメリカの知ったことではないという……。
バイデン守護霊　まあ、ヨーロッパで決めろよ。
質問者B　分かりました。
バイデン守護霊　まあ、アメリカは、「賛同するかどうか」は決めるけどさ。

「日本はロシアに北海道を取られることを恐《おそ》れたほうがいい」と警告

質問者C　そうなってきますと、先ほどの日米同盟の関係については、もう日本のほうでどうにかしなさいということでしょうか。

バイデン守護霊　いや、「日米同盟」なんか、もうねえ、もう〝春先の湖の上の薄《うす》氷《ごおり》〟みたいなものだからねえ。この上で、あんた、スケートを楽しくやってるようだけど、知らないよ、先は。

質問者C　バイデン新大統領は、これからロシアに対しては、非常に強硬《きょうこう》になるだろうと言われています。

バイデン守護霊　それはそうだよねえ。ロシアは危ない。危ない。うん。

質問者C　そうなりますと、「もうアメリカは厳しいから」ということで、「中国とロシアのほうで仲良くして、そこに日本も取り込《こ》んで、アメリカに対抗《たいこう》しよう」という動きも出てくるかもしれませんが。

バイデン守護霊　だから、まあ、君らはもう北海道を取られることを恐《おそ》れたほうがいいよ。

中国には、尖閣《せんかく》から沖縄《おきなわ》を取りに来られるから。次はロシアが……。「北方四島を返せ返せ」と言う、うるさい日本？　もう胡麻《ごま》の蝿《はえ》（詐欺師《さぎし》や押《お》し売り）みたいにワンワンワンワンワン、もう何十年も言い続けてるから。

北海道占領《せんりょう》？　これはもともとの悲願だからさあ。せっかくねえ、先の「対ヒットラー戦」「独ソ戦」をやって、ソ連はものすごい死者を出して、もう二千万近い死者か何か出てると思うんだが、それを出してまで連合国が勝つ側について、いちおうベルリン陥落《かんらく》までやったので。

その代償《だいしょう》としてもらえたものはほとんどなかったから、なかの不満はもう何十年も溜《た》まり続けてるので。これは、「日本の半分ぐらい、東半分ぐらいはよこせ」っていうのは、まあそれは、ソ連、ロシアの要求だったんだからさあ。

それを、あんな北方四島だけにされたのをさあ、それをまだ「返せ」って言っているというのは、〝このケチくさい国？　一発ぶち込んでやろうか〟っていうの。まあ、それはそうだから。

もうほんと、隙《すき》を見せたら、あなたねえ、もう中国対策ばっかりやってたら、北海道をパッと取られるよ、あっという間に。あんたがたのＰＡＣ《パック》－３《スリー》はもう、中国対策でこっちへ寄ってきてるから、もう北海道は〝がら空《あ》き〟だよ。

質問者Ａ　アメリカ合衆国の大統領として、非常に斬新《ざんしん》なご意見なんですけれども。

バイデン守護霊　斬新だろう？　私、まだね、認知症《しょう》なんてとんでもないよ。ほんと、認知症の正反対だからねえ、先進性がある。

「中国が発展するなら、富はできるだけ吸い取る」という考え

質問者A　世界構想というものは、何かあるのでしょうか。例えば、「米中で世界を分け合う」とか、何かそういう、目指すべき方向や構想というのは……。

バイデン守護霊　いや、私はねえ、中国と戦争する気はないんです。ただね、中国がもし発展するならね、これは人口も多いし、今のままなら発展する可能性は高いと思うけども、そのときになあ、「富はできるだけ吸い取る」と思ってるので。「吸い取る構造をつくって吸い取って、アメリカの、その衰退《すいたい》の部分を下支えするパワーにはしたい」と思っている。

だから、中国が強国にはなるだろうから、まあ、アジアは中国に治めさせたらいいんじゃないの？　うん。別に、こっちはそんなに関心ないし。

質問者B　基本的に一連のコメントは、今のコメントも含《ふく》めて、オバマ大統領が就

任されたときの守護霊コメントと、ほぼイコールでは……。

バイデン守護霊　まあ、そうだろうね、うん。

質問者B　ええ。ということは、「歴史が再び繰《く》り返され、また同じように揺り戻しがこれから起き始めていく」と予感させられるんですけれども。

バイデン守護霊　まあ、トランプは……。だから、君たちの認識の欠落というか、悟《さと》りの欠落は、「トランプはヒットラーの再来なんだ」っていうことを、あんたがたの教祖は見抜《みぬ》けなかったっていうことだ。これを反省しなさいよ。ねえ？

だから、トランプを支援《しえん》した君たちは没落《ぼつらく》に入っとるわけよ、今。

だから、今、バイデン。「バイデンこそ神だった」ってグワーッと上げれば……。

私の話を聞いたら、もうほんと、釈迦《しゃか》、キリストを超《こ》えてるぐらい分かるだろう？

「合衆国の正義を決める人」として意外な人物を挙げる

質問者Ａ　いろいろお話を伺《うかが》いましたので、まとめに入りたいのですが。先日、幸福の科学で、ある霊人《れいじん》がおっしゃられたことですが、例えば、「習近平《しゅうきんぺい》も権力を握《にぎ》った瞬間《しゅんかん》にウォーク・インされてきた」とか……。

バイデン守護霊　ああ、そう。

質問者Ａ　一定の立場に立つと、「指導霊」といいますか、いろいろな霊的な力が働き始めたりすることがあると思います。今、ご自身を指導したり、指導し始めたりしている、何か霊存在というものを感じたりされますか。

バイデン守護霊　いやあ、それは奥《おく》さんだね。

質問者A　はい？

バイデン守護霊　「うちの奥さん」がいちばん怖《こわ》い。

質問者A　いやいや、この世の話ではなくてですね……。

バイデン守護霊　いやあ、この世の話です。うちの奥さんがいちばん怖いです。霊なんか怖くない。奥さんが怖い。奥さんは教師ですからね。厳しいですから、うん。「正義」を決めるのは、うちの奥さんです。

質問者A　はい（苦笑）。

質問者B　ああ、そうですか。

バイデン守護霊　ここだって、そうなってますから。

質問者B　いやいや。

バイデン守護霊　幸福の科学、この前、夜見たら、もう「バイデン大統領（の守護霊霊言《れいげん》）なんか、そんなものあってはならん！」っていうようなことを、パシパシパシパシッて言っていたから、私がもう一回、〝再戦〟を申し込んで、今日来てるんだよ。

質問者B　そういう問題ではなくて、世界最強国の合衆国の大統領ですのでね、その「合衆国の正義」を決めているのはバイデンさんの奥様であると……。

バイデン守護霊　ファーストレディ。もちろん、ファーストレディです、うん。

質問者B　（苦笑）ああ、そうですか。

バイデン守護霊　いやあ、トランプもそうなんじゃないの？　あの背の高い、なんかファッションモデル上がりみたいな人の、弱い頭で決めてるんじゃないの？

「アメリカの大統領には地球を滅《ほろ》ぼすだけの力がある」と発言

質問者A　幸福の科学の霊査《れいさ》では、「ジョージ・ワシントンがトランプさんの過去世《かこぜ》である」ということになっていますけれども。

バイデン守護霊　ジョージ・ワシントンっていったら、もう本当に、ずっとアメリカが弱小国だったときの、農夫上がりみたいな人だからね。ゲリラ戦……。

質問者A　バイデンさんご自身は、前回の、本になっている霊言では……。

バイデン守護霊　私は法治主義の鑑《かがみ》みたいな人。

質問者A　「シェリフ、保安官だった」ということなのですが。

バイデン守護霊　うん。法治主義の鑑なんで。アメリカが法治主義に変わろうとしていたときの、うん……。

質問者A　保安官よりは、合衆国大統領というのは非常に大きな使命になりますけれども。

バイデン守護霊　ああ、だから、（トランプは）「ゲリラの親分」だから。「ゲリラの親分」なんだよ、あのトランプっていうのはな。「ゲリラ戦」なんだよ。

質問者A　霊界《れいかい》をどうご認識されていますか。

バイデン守護霊　いやあ、知らんよ。

質問者A　いろいろお話しされたり……。

バイデン守護霊　いや、よくは知らんが、「アメリカの大統領」っていうのは、もうエジプトのファラオを超えてるんだから、昔のな。「アメリカの大統領」っていうのは、地球を滅《ほろ》ぼすだけの力があるんだよ。

たとえ、君たちが言ってる、その宇宙の、悪の宇宙人がいて、アーリマンだ何だかんだっていうのが嘘《うそ》か本当か知らんけど、本当だったとしても、アーリマンより私のほうが強いんだっていうことだ。

私はねえ、アメリカ以外の国を全部滅ぼす力が今あるんだよ。もう何時間かしたらだけどね。

私がね、就任早々ねえ、狂《くる》ってないことがはっきりしている私《わたくし》が、「ミサイル発射」

と言ったら、もう欧州だろうが日本だろうが、中国だって全滅《ぜんめつ》なんだからさあ、ウィルスなんか問題じゃないんだよ。中国なんてのは、もう本当に、数時間後にはなくなってるんだから、私が本気になれば。

だから、「最高権力者」っていうのは、そういうことなんだ。だから、手加減してやらないといかんのよ。

カマラ・ハリス氏とヒラリー・クリントン氏をどう見ているか

質問者B　あのー……。

バイデン守護霊　絶句したか。

質問者B　いや、絶句じゃなくてですね……。

バイデン守護霊　はい、〝帰依《きえ》〟しなさい。

質問者B　いえ、ちょっと一点、よろしいですか。

今のお話を総括《そうかつ》させていただきますと、だいたい、そのお考えでされた場合には、合衆国がおおむね一年後ぐらいに、そうとういろいろな面で危機を迎えるということが……。

バイデン守護霊　ああ、そうなの？

質問者B　ええ。経済面でも、外交面その他でも危機を迎えるということが、客観的にも予想されます。

バイデン守護霊　ふうーん。

質問者B　そうなると、お訊きしておかなくてはいけないところが、たいへん恐縮《きょうしゅく》なのですが、健康問題等もございましたので……。

バイデン守護霊　ああ。

質問者B　カマラさんですね。カマラ副大統領。

バイデン守護霊　うん、うん、うん、うん。

質問者B　「次期副大統領に関して、どういう見立てと見方をしているのか」と。

バイデン守護霊　まあ、票を取るためだけの存在なので。

質問者B　「それで起用した」と。

バイデン守護霊　うん。だって、どうせ向こうも本当は私を好きじゃないだろうと思うけど、私もあの人、好きじゃない。

好きじゃないけど、まあ、黒人票と女性票と、黒人だけでなくて、他のイエローの人たちとかの票も取れるからね。それから、インドもちょっと血は入っとるからさあ、インドとの関係も良好になるだろうから、まあ、そのへんを考えた上で……、まあ、「票」だよ。

質問者B　そうしますと、実際に任期中に引き継《つ》がれる可能性が出てくることに関しては、そういったところに関しては、どのように……。

バイデン守護霊　引き継がれる？

質問者B　つまり、交代される可能性がですね……。

バイデン守護霊　いやあ、それは、おまえ……。

質問者B　仮に、万一《まんいつ》、その可能性が出ることに関して……。いや、任命する以上は、そこまで計算した上でないと。やっぱり任命責任がありますから。そこの部分に関しては、彼女に関して、どのようにお考えでしょうか。

バイデン守護霊　うーん。

質問者B　つまり、資質という問題ですけれども。

バイデン守護霊　まあ、四年以内に、そんなようなことがあるようなら……。次の選挙は近いからねえ。また、トランプがもう一回する気があるか。まあ、トランプのやる気を削《そ》ぐために、トランプ系産業とかを壊滅《かいめつ》的に潰しとこうと思ってるんで。

質問者B　いやあ、それもちょっと、すごい発言……。

バイデン守護霊　借金王？　「アメリカ一の借金王にしといたろう」と思って。潰せるから、「潰してやろう」と思ってるので。

トランプ系と、あの娘夫婦《ふうふ》の仕事も全部ぶっ潰してやるから。あのファッション業？　娘がやってる、それから、向こうがやってる不動産業？　トランプ系の。だから、トランプ・タワーのトランプ別荘《べっそう》を全部売り払《はら》わなきゃいけないところまで追い込んでやるからさ。

どこかに亡命するから、彼は。うん、うん。だから、それはもう、やらせない。四年後には戦わせないようにはする。うん。

質問者B　そうしますと、カマラ副大統領に関しては、「特に人物とか識見とか能力を見て任命したわけではない」と。

バイデン守護霊　いや、まあ、〝トランプは絶対消す〟けども、トランプ以外の共和党の候補でいいのが出てくればね、まあ、それと競争すればいいことであって。

でもねえ、まあ、能力がないほうがいいこともあるんだよ。彼女ではできないけれども……。票の数、投票数から見れば、四年前、ヒラリーがトランプに勝ってたけど、四年前にヒラリーがもし大統領をやってたら、実は中国への攻撃《こうげき》はもう行われてると思うのよ。ヒラリーはやってると思う。

だから、「民主党だから戦争しない」って思うのは間違いだよ。それは人それぞれなので。

ヒラリーの考えから言えば、中国攻撃をもうしてるから。トランプのほうが弱いんだよ、気が。トランプは一人を暗殺したりするのは好きだけど。だから、できるだけコストをミニマイズして、悪口を言われないようにしてやってるけど、ヒラリーは戦争するんだよ。だからねえ、中国南部ではもう戦争が起きてたと思うよ、ヒラリーが大統領なら。

だから、その意味では、まあ、「ヒラリーにならなかったのは、よかったのかなあ」

とは思うけれども、「トランプが次の戦争を起こさないために、私になったんだ」と思ってるから。
まあ、カマラはどうかは知らんけど、アメリカ人はそのときはそのときで、賢《かしこ》く考えるだろう、きっと。うん。

「GAFA《ガーファ》はお互《たが》いに潰《つぶ》し合いに入る」と予想

質問者C　今、「共和党の他の候補者の人も封《ふう》じていく」というようなニュアンスも感じたのですが、そうしますと……。

バイデン守護霊　「他の」って、まあ、「トランプは封じる」と言ったが、ほかにいい人がいれば、それは民意で決めるべきだよ、うん。

質問者C　ええ。そのなかで、今回一つ焦点《しょうてん》になったのがビッグテック、「GAFA《ガーファ》」ですね。

バイデン守護霊　うん、うん、うん。

質問者C　トランプ大統領のツイッターのアカウントを閉鎖《へいさ》するということがあって。

バイデン守護霊　うん、うん、うん、うん。

質問者C　このことは保守系を中心にとても問題視されているのですが。

バイデン守護霊　いやあ、「私の味方がいっぱいいる」っていうことだよなあ。あちこちになあ。

質問者C　ただ、このＧＡＦＡの動向は、「ＩＴによるデジタル全体主義にもつながるのではないか」という懸念もあるのですが、バイデン大統領は、こうした動きについては、どのようにお考えでしょうか。

バイデン守護霊　いや、もう、全然分からない。もう、まったく分からない。ただ、何か、アメリカの五十州に加わるような感じで、それぞれの企業《きぎょう》が州ぐらいあるような感じには見えているな。

質問者C　では、「味方をしてくれるのであれば、そのままでいい」というご見解なのでしょうか。

バイデン守護霊　まあ、でも、競争が起きるから、結局、みんなが生き残ることはないんじゃないかねえ、おそらく。だから、こちらで政府が何かどうこうするよりも、お互《たが》いに潰《つぶ》し合いに入るから、まあ、最後、残って二つまで行くんじゃないかなあ。二社は潰れるんじゃないかなあ。

だから、競争させてやることで彼らを牽制《けんせい》する。それでまあ、いいんじゃないかなあ。政府があんまり規制するよりはね。

「トランプの首を挙《あ》げた」っていうことは、それはいいことだよ。それは、彼ら、善政のためのプラスだったな。だから、これからはどうかは分からない。

7 バイデン氏の大統領就任はアメリカに何をもたらすか

前回収録時とは違《ちが》い、非常に元気になっているバイデン氏守護霊

質問者Ａ　内政から外交まで、いろいろと所信を表明していただけたと思いますが、一つ疑問なのは、一週間前に来られたときには、守護霊様としては非常に心労されていましたし、十一月に来られたときにも元気がなかったのに、今日は非常に元気なご様子で……。

バイデン守護霊　いやあ、だから、「今日の夜中までに暗殺されるかどうか」っていう危機が迫《せま》っていたから。

実際にトランプはやったじゃないの。議会が見える所で演説して、その後、聴《き》いていた何千人か何百人かの人たちが、ねえ？　警備している議会のなかになだれ込《こ》ん

で、窓を割って入ったんだからさあ。

あの恐《おそ》ろしさ、やつのその凶暴《きょうぼう》さ、もうフランス革命のあれじゃないのか。ギロチンをやっていたやつの生まれ変わりなんじゃないか、トランプこそが。

霊査《れいさ》、もう一回し直したほうがいいよ。だから、それは間違《まちが》いで、ジョージ・ワシントンじゃなくて、フランス革命で首を斬《き》りまくった、あっちのほうだろうが、たぶん。

質問者A　今、バイデンさんご自身も、非常にパワーが増しているということですか。

バイデン守護霊　ああ、そう。もう、グワッと、三億人の支援《しえん》のね、「救世主がアメリカに現れた」っていうこの喜びの波動《はどう》が、もう全身にみなぎってきているのよね。

質問者A　「いったいどういうところから、その力が来ているのか」というのは、知りたいところですが。

バイデン守護霊　だってさ、まだ失政をしてないからな。これからするかもしれないけど（笑）。まあ、スタート点は百点から始まるので。

質問者A　先ほど、ちょっと「アーリマン」という言葉もおっしゃられましたが。

バイデン守護霊　うん。ちょっと、それは耳に挟《はさ》んだからな。

質問者A　悪いものを感じたりはしますか。

バイデン守護霊　「中国にそんなのが入っている」とか言うんだろう？　だけど、中国自体は私も滅《ほろ》ぼせるから、別にそんなもの、中国に入って悪さをしようとしたやつなんか、全然、怖《こわ》くも何ともないっていう。うん。怖くも何ともない。

中国がねえ、（演台を叩《たた》きながら）四百発ぐらいの核《かく》兵器を持ったって、こんなの、

「アメリカがその気になれば、もう一日で終わりなんだ！」って言ってるんだ。

バイデン氏守護霊の今の気分は「南北戦争を制したリンカーン」

質問者A　ちょっとくどいですけれども、霊界《れいかい》存在として、指導霊のようなもの、あるいは、お友達というか、相談相手というか、そういうものを認識されたりはしていないのでしょうか。

バイデン守護霊　まあ、今、気分はリンカーンだね。うん。うん。気分はリンカーン。うん。リンカーン。南北戦争を制したリンカーンの気分。気分はそうです。トランプはもう〝南北戦争〟を仕掛《しか》けてきたけど、南軍のほうだわ。

質問者A　手伝ってくれたりするような人は、周りにいらっしゃるんでしょうか。参謀《さんぼう》や幕僚《ばくりょう》や……。

バイデン守護霊　うーん。君の言葉はラテン語みたいで、やっぱりよく分からん。何が言いたいのか。

質問者Ａ　お友達や……。

バイデン守護霊　君、分かる日本語か英語かで言ってくれよ。何が言いたい？

質問者Ａ　親しいお友達は……。

バイデン守護霊　お友達って、どういうこと？　大統領に友達なんかいちゃいけないんだよ。

質問者Ａ　仲のいい人とか。

バイデン守護霊　そんな人は、いちゃいけないんだ。大統領は孤独《こどく》に決断する人間だ、うん。

質問者A　何か困ったときに助けを求めたりする……。

バイデン守護霊　だから、「最終決断は奥《おく》さんがする」って言ったじゃない。何言ってるんだ。奥さんに訊《き》いてくれよ、そんなの。

質問者A　だいたい分かりました。

バイデン守護霊　いや、フランスも同じ状態だから、うん。フランスの大統領もね、奥さんが言うとおりやってるんだから。まあ、時代は「女性の時代」にもう入ったんだよ、うん。

質問者Ａ　「神様を認識されたり」というようなことはありますか。

バイデン守護霊　うん？　神様？　それは神様はどこかにいるよ。それはいるよ、神様はね。神様は正当に私に味方された。

だから、この、トランプの「神は、次期大統領としてトランプを指名された！」っていうの、これイスラエルの神だよ、たぶんな、この神は。「イスラエルの神が、ネタニヤフを支援するために、トランプを応援していた」っていう、まあ、それだけのことだから。この神は、こういうイスラエルの民族神だと思ったほうがいい。

アメリカの神は、今、違うんだよ。もう〝世界神〟なんだよ。ああ、うん。

質問者Ａ　まあ、「アメリカの神になったような気分をされている」ということですね。

『人口とGDP』が大きいほうを必ず取る」というのが判断基準

バイデン守護霊　まあ、ほぼ、もう、ほぼ神に近いなあ、やっぱり。大統領っていうのは、ええもんだよ。

君たちも一回なってみたらいいよ、うん。ええもんだなあ、う－ん。八千百万票集めてみろよ。な？　君たちの政党とか、まあ、名前だけの政党はあるんだろうけど、票が入らないんだろう？　八千万票っていったら、どれくらいの力があるか。気持ちええぞ、う－ん。

質問者A　お考えとしては、だいたい分かりました。

バイデン守護霊　だから、人間としてまず正しくなければいけない。人間としての人柄《ひとがら》がよくなきゃいけない。人間として見識が高くなきゃいけない、うん。

質問者Ａ　まあ、正しさの基準が、あまり定《さだ》かではなかったように思うんですけれども。

バイデン守護霊　いや、この前、ちょっと弱気だったのは、夜中に行って寝室《しんしつ》にお邪魔《じゃま》したために、私も非常に恐縮《きょうしゅく》して、奥様の権力のほうに恐れおののいたために、ちょっと弱気に出ただけであって。だから、「昼間で男相手にならやれる」と言ってるだけだ、うん。

質問者Ａ　では、今日は、自信を持って所信を表明されたということでよろしいでしょうか。

バイデン守護霊　うん。だから、（質問者Ｂを指して）君の雑誌（月刊「ザ・リバティ」）は廃刊《はいかん》になるし、まもなく。（質問者Ａを指して）君は、国際政治局はもうすぐクローズになって。（質問者Ｃを指して）君は、もう一回どこか、金儲《かねもう》けのところへ就職しなさい。ね？　で、終わりだ、うん。

質問者B　いや、おかげさまでバイデン疑惑《ぎわく》が出始めてから、ウェブ版も含《ふく》めて部数が伸《の》びましたので、たいへんありがとうございました。これからもますます頑張《がんば》らせていただきます。

バイデン守護霊　その〝フェイク〟は破られなきゃいけないね。〝フェイク〟を破らなきゃいけないんで。君たちがフェイクニュースを流して日本人を惑《まど》わしとるんだから。な？　やっぱり、バイデンを応援している各種主要紙とかは正しかったわけだよ。やっぱり、CNNは世界を代表するメディアだったんだよ、うん。

質問者A　いよいよ、世界正義というものを真剣《しんけん》に追求しなければならない時代になってきたということが分かりました。

バイデン守護霊　だから、もうはっきり言ったけど、私は「人口」と「ＧＤＰ」で判断しますので。私の行動は、それでインプットしたらもう分かりますから、はい。だから、「大」を必ず取りますから、はい。

質問者Ａ　分かりました。本日は、まことにありがとうございます。

宇宙関係の情報については「ＮＡＳＡ《ナサ》」がやっていればいい」との見解

バイデン守護霊　これで、いいかな。いいんかな。いいかな。ほかにないか、失業する君たちは、もうないか？　いいか？　いいのか？

質問者Ｃ　では、一つだけお願いします。これから「宇宙関係の機密情報」も引き継《つ》がれるのでしょうか。

バイデン守護霊　ああ……、関心ないんで。何か書類は来る。でも、トランプから引き継ぎが何もないから、どこか……（実際、宇宙人情報、UFO情報等を公開するようトランプ氏は指示して、公邸《こうてい》を去った）。

でも、官僚も全部入れ替《か》わるから、そんな情報なんか出てくるかどうか分からんよ、うん。宇宙情報といったって、分からんね。

まあ、NASA《ナサ》が勝手にやっとればいいんだよ。そんな知ったことか。もう、「大所高所《たいしょこうしょ》からものを見る」ということが大統領の仕事だから、うん。

だから、よかった、世界は救われたんだよ、これで。もうトランプ独裁、妙《みょう》なところだけ細《こま》かいことを一生懸命《いっしょうけんめい》自分でやりたがって、関心がないことは全部しないっていう。ああいうねえ、偏食家《へんしょくか》みたいな大統領がいなくなって、これで世界はすっきりして、もう曇《くも》り空が晴れ渡《わた》るような感じになるんじゃないかな、うん。

今日はなんかパワーに満ちてくるね。やっぱりアメリカの「祝福の念」ですか。全世界から祝福されてる感じがするねえ。

菅《すが》さんを潰《つぶ》すも生かすも、私しだいだからね。どっちにでもできるんだから、うん。

質問者Ａ　たいへん率直《そっちょく》で、正直なお話をありがとうございました。

バイデン守護霊　うん。うん。菅さんはアメリカに来たがってるけどさ、私が援助を、何か案を出すか出さないか、まあ、それだけで決まるからさ。見切ったら、もうそれで彼は終わりだから、うん。早ければもう春先で彼は終わるから。ね？　私が何かカードを切れば生き延びるかもしれない。まあ、それだけのことだ、うん。

質問者Ａ　今日の貴重なお話を、ぜひ参考にさせていただきたいと思います。

「私をほめておけば、君たちは生き延びられる」と語る

バイデン守護霊　何か、まあ、私にインタビューしたことで、君たちもいちおう格は上がったであろうが、その格はバブルであるから、いずれなくなるもんだと思っていきなさいよ。ね？（質問者Ｂに対して）まあ、君のところは「週刊新潮」に吸収されたらいいいんだよ、うん。

質問者B　部数は逆回転しておりますので、頑張りたいと思います。

質問者A　はい。ありがとうございます。

バイデン守護霊　これで私は使命を果たせたのかな。

（『米大統領選　バイデン候補とトランプ候補の守護霊インタビュー』の表紙を指しながら）こんなの不公平だ。なんで落ちる人を大きくして、当選する人を小さくする？　ここにもう、そもそも間違いがある。だから、幸福の科学出版なんていうのは潰れるんだよ、今年。うん。

質問者B　全体のお考えと、おおむね一年ぐらいの見通しがこれで……。

バイデン守護霊　ついた？

質問者Ｂ　ええ。見取り図ができましたので、これで、こちら側も対策編に入ることができます。

バイデン守護霊　とにかくもう、ほめておれ。私をほめとけば、君たちは生き延びれる。それだけのことだよ。

アメリカで伝道できないよ。だからねえ、アメリカの大統領なんかに〝一枚嚙《か》もう〟とするんだったら、君らね、何百万かぐらいアメリカに信者を持ってなきゃ駄《だ》目《め》よ。まったく話になんないよ、こんなの。

質問者Ｂ　まあ、同じような考え方をする方がアメリカに何千万人もいらっしゃることも分かりましたので。いずれにしても、アメリカは「信教の自由」の国ですから、これから頑張ってまいりたいと思います。

バイデン守護霊　あとは大丈夫《だいじょうぶ》とは思うが、就任式まで……。うーん。まあねえ、ちょっとね、共和党側の軍人と警官が一部ねえ、デモに紛《まぎ》れ込んでるのがいるからね。これを今、調べてるところなんで。

だから、州兵たちも議会とかで寝泊《ねと》まりしてるけど、このなかに共和党の極右《きょくう》のやつがいる可能性があるんで、これを今ちょっと、一生懸命、あと数時間、洗ってるところなんで。危ないやつは引っ張り出さないと。

ちょっと、なかからやる可能性が……。要するに、「外から来る」と思ったら、「内部で蜂起《ほうき》するやつが出る」といけないから、これを今しらみ潰しに調べてるところだから。まあ、ちょっとねえ、何とか乗り切りたい。うーん。

質問者A　現在のご心境も含めて、非常に分かりやすいお話で、ありがとうございました。

バイデン守護霊　民主党に、もうちょっと好意的にならないと、アメリカに伝道したり、入国もできなくなるよ。君、入国できなくなるよ、もうすぐ。

質問者A　アメリカは自由の国ですから。

バイデン守護霊　ここのままではねえ、トランプの本は早く廃刊にしないと、もう君、入国できなくなるよ。〝指名手配〟だよ、もうすぐ。

質問者A　いえいえ。アメリカにも非常に親しい方がたくさんいますので。

質問者B　基本的に宗教ですので。全人類救済が目的ですから。

バイデン守護霊　ほおー。

質問者B　民主党員も含めて、すべての人が伝道対象なので。

バイデン守護霊　ふーん。

質問者Ｂ　その部分は、別にお気を煩《わずら》わしていただかなくても大丈夫でございます。

バイデン守護霊　いや、君らあんまり、このままやったら、ハリウッドに売り込むなんて無理だよ。ハリウッドは中国の十四億市場《しじょう》を取ろうとして、左に寄っとるんだからさあ。だから、それ邪魔するなよ。なあ？　邪魔しちゃいけないんだよ。

質問者Ａ　たいへん個性的なお話を頂いたと思います。

バイデン守護霊　久々に個性的な意見が言えたなあ！　やっぱり、ものが言えんっていうことはつらいことだ。

質問者Ａ　バイデンさんのお人柄がよく分かったかと思います。

バイデン守護霊　「世界のトップに立った」っていうことは、やっぱり気分いいなあ。「もう上がいない」っていうのは、誰《だれ》もいないいんだよなあ。青空みたいだ、うん。

質問者Ａ　この内容は日米共にスクープになると思いますので、たいへん貴重な機会を頂きまして、本当にありがとうございます。

バイデン新大統領で、世界は正しい方向に行くのか

バイデン守護霊　弱い男ばかりだったから、女のほうも何か、きついのはいるかい？　言ったら聞いてやるぞ。ないか？　女性に優《やさ》しいのが私の特徴《とくちょう》だから。何かあるかい？　Ｄさん、何か、この前のと違う結論にされたら、ちょっと嫌《いや》だったら、一言《ひとこと》、言ってくれたら……。

質問者D　「〝アメリカの没落《ぼつらく》〟の象徴になっていかれるんだな」ということがよく分かりました。

バイデン守護霊　そんなことはない！　何を言ってる（笑）。「トランプみたいな〝不倫男《ふりんおとこ》〟なんかを大統領にしちゃいかん」っていうことを私は言ってるわけで。誠実さが人間の根本《こんぽん》で、やっぱり男性の特徴だっていうことだから、これは、世界が正しい方向に行くんだって、うん。没落？　なんで没落するの。これで成功するんじゃない。

質問者A　現実の世界が、思ったほうに行くとは限らないと思います。

バイデン守護霊　そうかねえ。

質問者A　案に反して、没落の引き金を引く可能性もあると思います。

バイデン守護霊　なんで没落するの。なんで没落。危険を未然に防ごうとしてるのに、なんで没落するって言う?

質問者A　少なくとも、トランプさんの正反対のほうに行こうとしているということは、そうだと思いますので。

バイデン守護霊　うん。それはそう。それはそのとおりですよ。トランプが〝宿題〟で残して、「こうしろ」「ああしろ」と言って、いっぱい出してるけど、全部これは撤回《てっかい》させますので。
　明日《あした》は忙《いそが》しいだろうなあ。いろんな署名をしなきゃいけないから、うん。

質問者A　十分に本心をお語りいただきましたので、貴重なアドバイスといいますか、情報を頂いたと思います。ありがとうございました。

バイデン守護霊　ええ。じゃあ、まあ、以上。

8　霊言《れいげん》を通して見えてきた人物像

大川隆法　（手を二回叩《たた》く）ありがとうございました。

聞きまして、機嫌《きげん》がよくなっているのはよく分かりました。まあ、それはいいことだと思いますが、「この人には経済が分からない」ということはよく分かりました。「経済と経営は分からない」ということはよく分かりました。

それから、「外交通」といっても、戦争に関しては何らの戦略もないということもよく分かりました。「大小だけで考える」という、実にシンプルな考えであるということでした。

あとは、基本的にはポピュリストですね。だから、「新聞等によく書いてもらうにはどう言ったらいいかということを考えている」ということで、これはトランプさんと違《ちが》うところです。トランプさんは、「マスコミに悪口を書かれても、自分のやりたいことはやる」という信念でやっていて、それで、教祖みたいになって、狂信《きょうしん》的な、熱烈《ねつれつ》な国民がいっぱいいいたということなのでしょう。

まあ、どうなるかは楽しみですが、まずは、マスクとワクチンで劇的にアメリカの感染者《かんせんしゃ》が減って、死者が減るかどうか、おそらく半年以内には判定が出るでしょうから、確かにここで改善すれば、少し支持率は維持《いじ》できるとは思います。でも、彼が国内問題をやっている間に中国は動き始めると思うので、これが後手後手《ごてごて》になった場合は火種が大きくなってくるかもしれません。

日本は基本的に軽く見られてはいるようですので、独自でやるべきことは、やはりやらなければいけないのです。

幸福実現党は、議席を本当は取りたいところだけれども、取れないならば、少なくとも「正論」を広げる努力はしないと、アメリカのマスコミをコピーしているだけの日本のマスコミの言うとおりにやっていたら、本当にあっという間に、日本自体が泡沫《ほうまつ》的な国になってしまうということです。

でも、全体的に見て、「正義」という観念はなかったですね。正義という観念はなくて、「多数のほうにつく」ということでしたね。そして、「事を荒立《あらだ》てないのが勝ち」ということでしたね。だから、結論的には「ポピュリスト」ということだと思います。

まあ、アメリカ大統領は、百日間は〝猶予《ゆうよ》期間〟があるので。百日間は、みな、きついことは言わないでしょうけれども、百日間だと、二、三、四月ぐらいですか。できるだけ、民主党に対してもフェアな態度では臨《のぞ》みたいとは思っています。

では、以上とします。

質問者A　はい、ありがとうございました。

バイデン氏は弱い人だと思う。だから弱者への共感力はあり、穏和《おんわ》な外見でコーティングして、人気を集めた。ただ平凡人であるため、神の声は、彼の耳に届かない。

一方、トランプ氏は、強い精神力の人であった。彼には、神の声が届いていた。泥舟《どろぶね》に乗って沈んでゆくアメリカ国民のため、彼は独力で救いのイカダを組んでいくだろう。

かつてのローマ帝国のように、アメリカ合衆国の滅びは始まった。

日本の国よ、武士道の国として甦《よみがえ》れ。世界が再び暗黒の時代に戻る前に、新しい太陽を昇らせよ。私の願いは切実である。

二〇二一年　一月二十九日

幸福《こうふく》の科学《かがく》グループ創始者兼総裁《そうししゃけんそうさい》　大川隆法《おおかわりゅうほう》

『バイデン守護霊の霊言』関連書籍

『秘密の法』（大川隆法 著　幸福の科学出版刊）

『米大統領選　バイデン候補とトランプ候補の守護霊インタビュー』（同右）

『ローマ教皇フランシスコ守護霊の霊言』（同右）

『ウィズ・セイビア　救世主とともに
——宇宙存在ヤイドロンのメッセージ——』（同右）

バイデン守護霊《しゅごれい》の霊言《れいげん》

――大統領就任直前の本心を語る――

2021年2月5日　初版第1刷

著　者　　大《おお》川《かわ》隆《りゅう》法《ほう》

発行所　幸福の科学出版株式会社

〒107-0052 東京都港区赤坂2丁目10番8号
TEL(03)5573-7700
https://www.irhpress.co.jp/

印刷・製本　株式会社 研文社

落丁・乱丁本はおとりかえいたします

ISBN978-4-8233-0244-2 C0030

カバー AFP＝時事

装丁・イラスト・写真（上記・パブリックドメインを除く）© 幸福の科学

大川隆法 霊言シリーズ・アメリカと世界の未来を考える

米大統領選
バイデン候補とトランプ候補の守護霊インタビュー

親中思想のバイデン氏か、神の正義を貫くトランプ氏か？ 2人の候補者の本心を独占インタビュー。メディアでは知り得ない米大統領選の真実がここに。

1,400円

ヤイドロンの本心
コロナ禍で苦しむ人類への指針

アメリカの覇権が終焉を迎えたとき、次の時代をどう構想するか？ 混沌と崩壊が加速する今の世界に対して、宇宙の守護神的存在からの緊急メッセージ。

1,400円

大中華帝国崩壊への序曲
中国の女神 洞庭《どうてい》湖《こ》娘娘《ニャンニャン》、泰山《たいざん》娘娘《ニャンニャン》／アフリカのズールー神の霊言

唯物論・無神論の国家が世界帝国になることはありえない──。コロナ禍に加え、バッタ襲来、大洪水等、中国で相次ぐ天災の「神意」と「近未来予測」。

1,400円

CO_2排出削減は正しいか
なぜ、グレタは怒っているのか？

英語霊言
英日対訳

国連で「怒りのスピーチ」をした16歳の少女の主張は、本当に正しいのか？ グレタ氏に影響を与える霊存在や、気候変動とCO_2の因果関係などが明らかに。

1,400円

※表示価格は本体価格（税別）です。

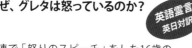

大川隆法 霊言シリーズ・世界の政治指導者の本心に迫る

習近平守護霊 ウイグル弾圧を語る

ウイグル"強制収容所"の実態、チャイナ・マネーによる世界支配戦略、宇宙進出の野望——。暴走する独裁国家の狙い、そして、人権と信仰を護るための道とは。

1,400円

「日露平和条約」を決断せよ
メドベージェフ首相＆プーチン大統領 守護霊メッセージ

「北朝鮮・中国の核兵器を無力化できる」。ロシアの2トップが、失敗続きの安倍外交に最終提案。終結していない戦後の日露、今がラストチャンス！

1,400円

スピリチュアル・インタビュー メルケル首相の理想と課題

英語霊言 英日対訳

移民政策や緊縮財政など、EUの難局に直面するドイツ首相の本心に迫る。トランプや習近平、プーチンに対する本音、そして、衝撃の過去世が明らかに。

1,400円

イギリス・イランの転換点について
ジョンソン首相・ロウハニ大統領・ハメネイ師・トランプ大統領守護霊の霊言

英語霊言 英日対訳

ＥＵ離脱でイギリスは復活するのか？米とイランの和解はあるのか？ 各国の首脳に本心を訊く！ 安倍首相・グレタ氏守護霊、ガイアの霊言を同時収録。

1,400円

幸福の科学出版

大川隆法シリーズ・**最新刊**

大川隆法　初期重要講演集 ベストセレクション①

幸福の科学とは何か

これが若き日のエル・カンターレの獅子《しし》吼《く》である——。「人間学」から「宇宙論」まで、幸福の科学の基本的思想が明かされた、初期講演集シリーズ第１巻。

1,800円

鬼学入門

黒鬼、草津赤鬼、鬼ヶ島の鬼の霊言

日本で空前の鬼ブームが起こった背景にあるものとは？ 鬼の実像や正体、桃太郎伝説など、想像やフィクションを超えた、日本霊界の衝撃の真実に迫る！

1,400円

エル・カンターレ 人生の疑問・悩みに答える 人生をどう生きるか

幸福の科学の初期の講演会やセミナー、研修会等での質疑応答を書籍化！ 人生の問題集を解決する縦横無尽な「悟りの言葉」が、あなたの運命を変える。

1,600円

人として賢く生きる

運命を拓く真実の信仰観

正しい霊的人生観を持たなければ、本当の幸せはつかめない——。人生を充実させ、運命を好転させ、この国の未来を繁栄させるための「新しい智慧の書」。

1,500円

※表示価格は本体価格（税別）です。

大川隆法「法シリーズ」・**最新刊**

秘密の法

人生を変える新しい世界観

法シリーズ 27作目

あなたの常識を一新させ、世界がより美しく、喜びに満ちたものになるように――。降魔の方法や、神の神秘的な力、信仰の持つ奇跡のパワーを解き明かす。

第１章　宗教の秘密の世界
――この世とあの世の真実を解き明かす

第２章　霊障者の立ち直りについて
――ウィルス感染と憑依の秘密

第３章　ザ・リアル・エクソシストの条件
――悪魔祓いの霊的秘儀

第４章　降魔の本道
――世界を輝かせる法力とは

第５章　信仰からの創造
――人類の危機を乗り越える秘密

2,000円

幸福の科学の中心的な教え――「法シリーズ」

好評発売中！

幸福の科学出版

一度だけ、泣いた女。
美しき誘惑
～現代の「画皮」～
製作総指揮・原作／大川隆法
長谷川奈央　市原綾真　芦川よしみ　モロ師岡　矢部美穂　中西良太　デビット伊東　千眼美子（特別出演）　杉本彩　永島敏行
監督／赤羽博 音楽／水澤有一 脚本／大川咲也加 製作／幸福の科学出版 製作協力／ニュースター・プロダクション ARI Production
制作プロダクション／ジャンゴフィルム 配給／日活 配給協力／東京テアトル ©2021 IRH Press
2021年5月14日(金) ロードショー
utsukushiki-yuwaku.jp

正しき者よ、
戦え。
長編アニメーション映画
製作総指揮・原作 大川隆法
宇宙の法
エローヒム編
2021年秋 ROADSHOW

幸福の科学グループのご案内

宗教、教育、政治、出版などの活動を通じて、地球的ユートピアの実現を目指しています。

幸福の科学

一九八六年に立宗。信仰の対象は、地球系霊団の最高大霊、主エル・カンターレ。世界百四十カ国以上の国々に信者を持ち、全人類救済という尊い使命のもと、信者は、「愛」と「悟り」と「ユートピア建設」の教えの実践、伝道に励んでいます。

（二〇二一年一月現在）

愛

幸福の科学の「愛」とは、与える愛です。これは、仏教の慈悲《じひ》や布施《ふせ》の精神と同じことです。信者は、仏法真理をお伝えすることを通して、多くの方に幸福な人生を送っていただくための活動に励んでいます。

悟り

「悟り」とは、自らが仏の子であることを知るということです。教学《きょうがく》や精神統一によって心を磨き、智慧《ちえ》を得て悩みを解決すると共に、天使・菩薩《ぼさつ》の境地を目指し、より多くの人を救える力を身につけていきます。

ユートピア建設

私たち人間は、地上に理想世界を建設するという尊い使命を持って生まれてきています。社会の悪を押しとどめ、善を推し進めるために、信者はさまざまな活動に積極的に参加しています。

国内外の世界で貧困や災害、心の病で苦しんでいる人々に対しては、現地メンバーや支援団体と連携して、物心両面にわたり、あらゆる手段で手を差し伸べています。

年間約２万人の自殺者を減らすため、全国各地で街頭キャンペーンを展開しています。

公式サイト **www.withyou-hs.net**

自殺防止相談窓口

受付時間　火〜土:10〜18時（祝日を含む）

TEL **03-5573-7707** メール **withyou-hs@happy-science.org**

ヘレン・ケラーを理想として活動する、ハンディキャップを持つ方とボランティアの会です。視聴覚障害者、肢体不自由な方々に仏法真理を学んでいただくための、さまざまなサポートをしています。

公式サイト **www.helen-hs.net**

入会のご案内

幸福の科学では、大川隆法総裁が説く仏法真理《ぶっぽうしんり》をもとに、「どうすれば幸福になれるのか、また、他の人を幸福にできるのか」を学び、実践しています。

入会　仏法真理を学んでみたい方へ

大川隆法総裁の教えを信じ、学ぼうとする方なら、どなたでも入会できます。入会された方には、『入会版「正心法語《しょうしんほうご》」』が授与されます。

ネット入会　入会ご希望の方はネットからも入会できます。
happy-science.jp/joinus

三帰《さんき》誓願《せいがん》　信仰をさらに深めたい方へ

仏弟子としてさらに信仰を深めたい方は、仏《ぶっ》・法《ぼう》・僧《そう》の三宝《さんぽう》への帰依を誓う「三帰誓願式」を受けることができます。三帰誓願者には、『仏説・正心法語』『祈願文《きがんもん》①』『祈願文②』『エル・カンターレへの祈り』が授与されます。

幸福の科学 サービスセンター
TEL 03-5793-1727
受付時間／火〜金:10〜20時　土・日祝:10〜18時（月曜を除く）

幸福の科学 公式サイト
happy-science.jp

ハッピー・サイエンス・ユニバーシティ
Happy Science University

ハッピー・サイエンス・ユニバーシティとは

ハッピー・サイエンス・ユニバーシティ（HSU）は、大川隆法総裁が設立された「現代の松下村塾」であり、「日本発の本格私学」です。
建学の精神として「幸福の探究と新文明の創造」を掲げ、チャレンジ精神にあふれ、新時代を切り拓く人材の輩出を目指します。

人間幸福学部　経営成功学部　未来産業学部

HSU長生キャンパス TEL **0475-32-7770**
〒299-4325 千葉県長生郡長生村一松丙 4427-1

未来創造学部

HSU未来創造・東京キャンパス
TEL **03-3699-7707**
〒136-0076 東京都江東区南砂2-6-5

公式サイト **happy-science.university**

学校法人 幸福の科学学園

学校法人 幸福の科学学園は、幸福の科学の教育理念のもとにつくられた教育機関です。人間にとって最も大切な宗教教育の導入を通じて精神性を高めながら、ユートピア建設に貢献する人材輩出を目指しています。

幸福の科学学園
中学校・高等学校（那須本校）
2010年4月開校・栃木県那須郡（男女共学・全寮制）
TEL **0287-75-7777** 公式サイト **happy-science.ac.jp**

関西中学校・高等学校（関西校）
2013年4月開校・滋賀県大津市（男女共学・寮及び通学）
TEL **077-573-7774** 公式サイト **kansai.happy-science.ac.jp**

教育事業　幸福の科学グループ

仏法真理塾「サクセスNo.1」

全国に本校・拠点・支部校を展開する、幸福の科学による信仰教育の機関です。小学生・中学生・高校生を対象に、信仰教育・徳育にウエイトを置きつつ、将来、社会人として活躍するための学力養成にも力を注いでいます。

TEL **03-5750-0751**（東京本校）

エンゼルプランV

東京本校を中心に、全国に支部教室を展開しています。信仰に基づいて、幼児の心を豊かに育む情操教育を行っています。また、知育や創造活動を通して、子どもの個性を大切に伸ばし、天使に育てる幼児教室です。

TEL **03-5750-0757**（東京本校）

不登校児支援スクール「ネバー・マインド」　TEL 03-5750-1741

心の面からのアプローチを重視して、不登校の子供たちを支援しています。

ユー・アー・エンゼル!（あなたは天使!）運動

障害児の不安や悩みに取り組み、ご両親を励まし、勇気づける、障害児支援のボランティア運動を展開しています。

一般社団法人 ユー・アー・エンゼル

TEL **03-6426-7797**

NPO活動支援

学校からのいじめ追放を目指し、さまざまな社会提言をしています。また、各地でのシンポジウムや学校への啓発ポスター掲示等に取り組む一般財団法人「いじめから子供を守ろうネットワーク」を支援しています。

公式サイト **mamoro.org**　ブログ **blog.mamoro.org**

相談窓口　TEL.**03-5544-8989**

百歳まで生きる会

「百歳まで生きる会」は、生涯現役人生を掲げ、友達づくり、生きがいづくりをめざしている幸福の科学のシニア信者の集まりです。

シニア・プラン21

生涯反省で人生を再生・新生し、希望に満ちた生涯現役人生を生きる仏法真理道場です。定期的に開催される研修には、年齢を問わず、多くの方が参加しています。
全世界212カ所（国内197カ所、海外15カ所）で開校中。

【東京校】 TEL **03-6384-0778**　FAX **03-6384-0779**
メール **senior-plan@kofuku-no-kagaku.or.jp**

幸福実現党

幸福実現党 釈量子サイト shaku-ryoko.net
Twitter 釈量子@shakuryokoで検索

内憂外患《ないゆうがいかん》の国難に立ち向かうべく、2009年5月に幸福実現党を立党しました。創立者である大川隆法党総裁の精神的指導のもと、宗教だけでは解決できない問題に取り組み、幸福を具体化するための力になっています。

幸福実現党NEWS

罰則を伴うコロナ対策は基本的人権に反する

「恐怖による支配」から自由になるために

党の機関紙
「幸福実現党NEWS」

幸福実現党 党員募集中

あなたも幸福を実現する政治に参画しませんか。

○ 幸福実現党の理念と綱領、政策に賛同する18歳以上の方なら、どなたでも参加いただけます。

○ 党費:正党員（年額5千円［学生 年額2千円］）、特別党員（年額10万円以上）、家族党員（年額2千円）

○ 党員資格は党費を入金された日から1年間です。

○ 正党員、特別党員の皆様には機関紙「幸福実現党NEWS（党員版）」（不定期発行）が送付されます。

＊申込書は、下記、幸福実現党公式サイトでダウンロードできます。
住所:〒107-0052 東京都港区赤坂2-10-8 6階 幸福実現党本部
TEL 03-6441-0754 FAX 03-6441-0764
公式サイト hr-party.jp

出版 メディア 芸能文化 幸福の科学グループ

幸福の科学出版

大川隆法総裁の仏法真理の書を中心に、ビジネス、自己啓発、小説など、さまざまなジャンルの書籍・雑誌を出版しています。他にも、映画事業、文学・学術発展のための振興事業、テレビ・ラジオ番組の提供など、幸福の科学文化を広げる事業を行っています。

アー・ユー・ハッピー?
are-you-happy.com

ザ・リバティ
the-liberty.com

幸福の科学出版
TEL **03-5573-7700**
公式サイト **irhpress.co.jp**

THE FACT
ザ・ファクト
マスコミが報道しない「事実」を世界に伝えるネット・オピニオン番組

ザ・ファクト 検索

NEW STAR PRODUCTION

ニュースター・プロダクション

「新時代の美」を創造する芸能プロダクションです。多くの方々に良き感化を与えられるような魅力あふれるタレントを世に送り出すべく、日々、活動しています。 公式サイト **newstarpro.co.jp**

ARI Production

ARI《アリ》 Production《プロダクション》

タレント一人ひとりの個性や魅力を引き出し、「新時代を創造するエンターテインメント」をコンセプトに、世の中に精神的価値のある作品を提供していく芸能プロダクションです。 公式サイト **aripro.co.jp**

大川隆法　講演会のご案内

大川隆法総裁の講演会が全国各地で開催されています。講演のなかでは、毎回、「世界教師」としての立場から、幸福な人生を生きるための心の教えをはじめ、世界各地で起きている宗教対立、紛争、国際政治や経済といった時事問題に対する指針など、日本と世界がさらなる繁栄の未来を実現するための道筋が示されています。

020 年 12 月8 日 さいたまスーパーアリーナ
“With Savior”(ウィズ・セイビア)―救世主と共に―」

2019 年10月6日 ザ ウェスティン ハーバーキャッスル トロント(カナダ)
「The Reason We Are Here」

2019 年 12 月 17 日 さいたまスーパーアリーナ
「新しき繁栄の時代へ」

2019 年3月3日 グランド ハイアット 台北(台湾)
「愛は憎しみを超えて」

2019 年7月5日 福岡国際センター
「人生に自信を持て」

講演会には、どなたでもご参加いただけます。
最新の講演会の開催情報はこちらへ。 ⟹

大川隆法総裁公式サイト
https://ryuho-okawa.org